• 미노아카 Mino'aka •
미소짓는 하와이안 퀼트

| 만든 사람들 |

기획 실용기획부 | **진행** 한윤지·윤지선 | **집필** 테라이 미유 | **일러스트** 박성이 | **편집·표지 디자인** D.J.I books design studio

| 책 내용 문의 |

도서 내용에 대해 궁금한 사항이 있으시면
저자의 홈페이지나 아이생각 홈페이지의 게시판을 통해서 해결하실 수 있습니다.

아이생각 홈페이지 www.ithinkbook.co.kr
아이생각 페이스북 www.facebook.com/ithinkbook
디지털북스 카페 cafe.naver.com/digitalbooks1999
디지털북스 이메일 digital@digitalbooks.co.kr
저자 이메일 ben7272@naver.com

| 각종 문의 |

영업관련 hi@digitalbooks.co.kr
기획관련 digital@digitalbooks.co.kr
전화번호 (02) 447-3157~8

※ 잘못된 책은 구입하신 서점에서 교환해 드립니다.
※ 이 책의 일부 혹은 전체 내용에 대한 무단 복사, 복제, 전재는 저작권법에 저촉됩니다.
※ 아이생각은 디지털북스의 취미·실용분야 브랜드입니다.

미노아카 Mino'aka

미소짓는 하와이안 퀼트

| 테라이 미유 저 |

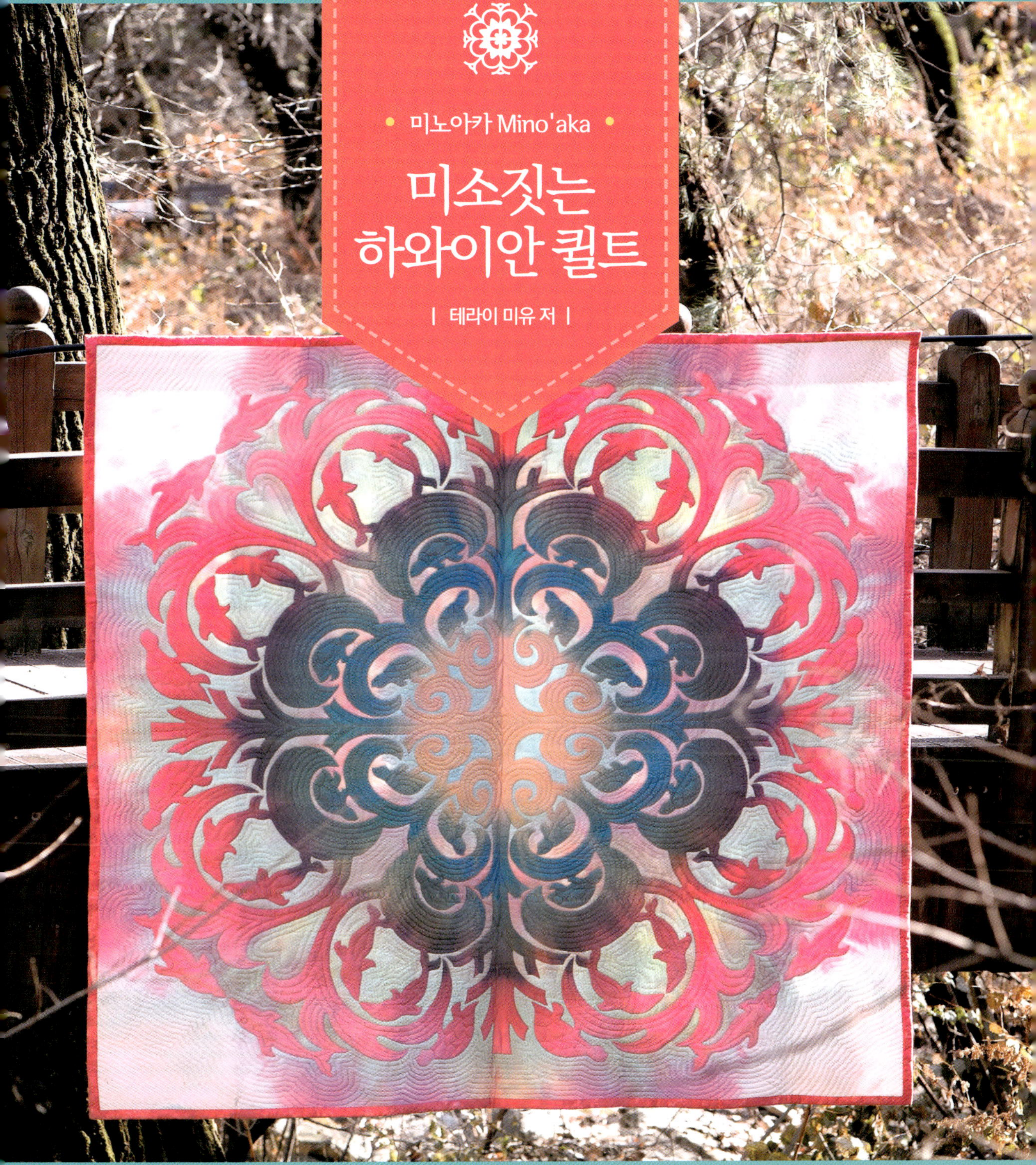

CONTENTS

1장.
Hawaii, 하와이

작가의 말

PROLOGUE

018 • 하와이안 퀼트란?
021 • Aloha 안녕하세요!
022 • 어서 오세요. 환영합니다.
024 • 초보자를 위한 정통 하와이안 퀼트

- 기본 재료   024
- 디자인 그리기   028
- 다림질하기   030
- 컷팅하기   032
- 시침하기   034
- 아플리케하기   036
- 퀼팅하기   039
- 바이어스, 쿠션 마무리하기   044

2장.
하와이안 퀼트 모티브 알아보기

052 • 히비스커스
054 • 몬스테라
056 • 플루메리아
058 • 안스리움
060 • 나우파카
062 • 티아레
064 • 마이레
066 • 진져
068 • 월하미인
070 • 문주란

072 • 아프리칸 튤립
074 • 부겐베리아
076 • 오히아 레후아
078 • 극락조
080 • 릴리코이
082 • 라우아에
084 • 로케라니
086 • 빵나무
089 • 헬리코니아
092 • 티

094 • 파파야
096 • 구아바
098 • 바나나
100 • 쿠쿠이
102 • 할라
104 • 야자수
106 • 타로
108 • 망고
110 • 돌고래
112 • 바다거북
114 • 파인애플

3장.
같이 만들어 가는 따뜻한 이야기

122 • 나는 너를 사랑해
- 침대커버 122
- 실내화 125
- 미니쿠션 129

134 • 우리 집 식탁
- 코스터 134
- 테이블 러너 136
- 테이블 매트 139
- 티슈 커버 142

145 • 사랑을 담아
- 몬스테라 파우치 145
- 휠 파우치 148
- 티슈 파우치 150
- 클러치 153
- 화장품 케이스 156
- 바느질 케이스 162
- 크로스백 168
- 토트백 171
- 쇼퍼백 175
- 풍경 가방 177
- 하와이안 22조각 가방 180

186 • 아이를 위한 엄마의 사랑
- 애착 이불 186
- 신생아 겉싸개 206

209 • 크리스마스
- 크리스마스 포인세티아 쿠션 209
- 장화 212
- 엄마랑 나랑 똑같아요 215

4장.
이야기가 있는 하와이안 퀼트

222 • 받는 사랑

　　– 마이레　222

　　– 문주란　223

224 • 주는 사랑

　　– 우정퀼트 °12개월　224

　　– 야자수 °새벽 4시　225

　　– 아프리칸 튤립 °한여름의 햇살　226

　　– 토치 진저 °열정　227

　　– 타로 °희노애락　228

　　– 거북이와 야자수 °내 아이를 위해　229

230 • 나의 이야기

　　– 상처　230

　　– 희망　232

　　– 내모습　233

5장.
같이 걸어가는 인연들

238 • 한국 가는 길은 언제나 두근두근
- 첫 워크숍 몬스테라   238
- Mino'aka 식구들   239

240 • 물들이다
- 리디아   240
- 오사나이   241

242 • 같이 만들다
- 전시   242

243 • 제자들의 이야기
- 월하미인 °김나리   243
- 제주도 푸른 밤 °붓쇼 아야코   244
- 밤의 정원 °박성이   245
- 9월의 나팔꽃 °여해영   246
- 엔젤 트럼펫 °신수은   247
- 문주란 °송선화   248
- 난초, 파이우스 °홍은정   249

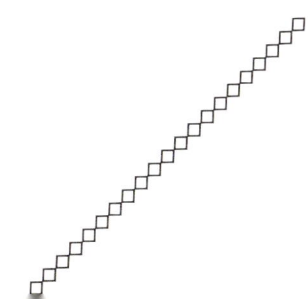

작가의 말

寺井美優, 테라이 미유.

이름이 왜 그러냐고요?

물론 저는 한국인입니다. 그런데 제 남편은 일본 사람이죠.
일본으로 시집오니 저의 성도 남 씨에서 테라이로 바뀌어 버렸답니다.
전 그렇게 남편 성으로 이곳 일본 니가타에서 살고 있습니다.

바쁜 일상을 살면서 여유롭게 바느질할 수 있는 시간이 얼마나 될까요?
그런데도 짬을 내서 꼬물꼬물 무엇인가 만들고 싶은 마음은 여자이기 때문일 것입니다.
저 또한 착한 남편 외조 덕분에 바느질하며 살아가는 여자가 되었습니다. 행복할 때, 슬플 때, 외로울 때, 바느질은 타국에서 외로움을 달래주는 나의 또 다른 친구랍니다.

제가 하는 바느질은 하와이의 자연을 주제로 이야기를 만드는 하와이안 퀼트입니다.
꽃, 나무, 바다, 파도, 불어오는 바람까지도.
그 자연이 가지고 있는 의미에 나의 바느질이 더해져 그때그때의 감정을 담아 하루, 일 년, 십 년의 이야기를 바느질로 담아내고 있습니다.

지금껏 그랬듯이 앞으로도 나의 또 다른 동반자 바느질과 함께
nehinei 어제, keiala 오늘, apopo 내일의 이야기를 작품으로 만들어 갈 것입니다.

Prologue

나이가 50이 넘어가면서 조금씩 지난 세월을 뒤돌아보게 됩니다.

좋았던 추억을 떠올려 보지만 특별한 기억 말고는 딱, 떠오르지가 않네요.
바쁘다는 이유로 기억을 남길 여유조차 없었나 봅니다.

하지만 하와이안 퀼트를 하면서부터는 살아온 흔적을 쉽게 떠올릴 수 있으니까요.
기쁨, 슬픔, 외로움.
아, 그땐 그랬지!
아, 그땐 아주 힘들어했구나!
만들어온 작품, 소품, 하나하나가 나의 일기장으로 남아 있습니다.

누구나 각자의 생활 속 작은 취미를 가지고 있을 것입니다.

그 취미로 나의 소중한 이야기를 작품으로 남기면 어떨까, 하는 마음으로 이 책을 시작했습니다. 굳이 퀼트가 아니어도 내가 잘할 수 있는 그 무엇인가로 나의 이야기를 기록해 본다면, 나이가 들어 뒤돌아 볼 때 나만의 일기장으로 남아 있지 않을까요? 일상이 많이 바빠 여유가 안 나더라도, 나만을 위한 시간을 1시간만이라도 만들어 보세요. 하루에 한 땀이면 어떤가요. 그렇게 해서 만들어지는 그 무엇인가가 사는 동안 내 마음속에 남아 지워지지 않는 흔적이 될 테니까요.

아마도 남편의 외조가 없었다면 불가능했을 퀼트 작가.
퀼트를 하시는 분들이라면 공감하는 부분일 것입니다. 시간은 물론 들어가는 비용도 너무 많아 어느 땐 살짝 미안하기도 했죠.

제 형제들은 그렇게 만들어서 다 뭘 하냐고 물었습니다. 그러게요, 뭘 하면 좋을까요?
선물하면 좋을까요?
판매하면 좋을까요?
그러기엔 들어간 정성이 못내 아까워 저는 선뜻 내놓지 못합니다. 그냥 조그마한 내 공간에 차곡차곡 쌓아 놓을 뿐이죠. 이렇게 정성들여 만들어 놓고 사용하지 못한다면 너무 아깝다는 걸 알면서도 말이에요.

어느 날 문득 하루도 바느질하지 않으면 병이 날 정도로 중독되어있는 저를 보면서 문득, 아깝다고 생각했어요. 흐르는 시간이, 넘쳐나는 열정이, 내가 퀼트를 하며 틈틈이 배워온 모티브의 의미들이, 작품을 만들어오면서 쌓아온 기법들이.

이렇게 혼자 만들지만 말고 많은 분들과 함께 나눠서, 누군가에게는 나와 같은 작가의 꿈을 주고, 누군가에게는 지친 삶을 잠시 쉬어갈 수 있는 치유의 시간이, 누군가에게는 생활에 보탬이 되는 생계의 수단이 되면 참 좋겠다는 생각이 들었어요. 그런 희망으로 부족하더라도 집필을 결심했습니다.

나를 위해, 가족을 위해, 사랑하는 이웃을 위해 한 땀 한 땀 정성이 들어간 소품과 세상 제일 값진 Mana 영혼이 깃든 작품들이 탄생함에 있어 조금이나마 이 책이 독자님들에게 유용한 팁이 되길 바랍니다.

Hawaii,
하와이

1장

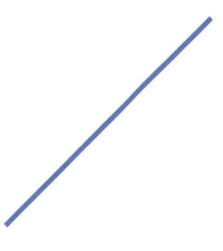

1장

Hawaii, 하와이

Ha(생명), wai(물), i(영혼)

하와이는 태평양에 위치한 미국 하와이 제도에 있는 주(州)입니다.
주도는 오아후 섬의 호놀룰루 시이고, 하와이 (Hawaii' Island), 카호오라붸 (Kaho'olawe), 마우이 (Maui), 라나이 (Lāna'i), 몰로카이 (Moloka'i), 오아후 (O'ahu), 카우아이 (kaua'i), 니이하우 (Ni'ihau) 등 8개의 큰 섬과 100개가 넘는 작은 섬으로 이루어져 있습니다.
하와이의 정식 명칭은 'Hawaii' 인데, 생명을 뜻하는 Ha, 물을 의미하는 wai, 영혼을 의미하는 i의 결합어입니다. 즉 하와이는 깨끗한 생명이 숨 쉬는 신성한 곳이라 해서 붙여진 이름인 것이죠.

1) 하와이안 퀼트란?

1820년 하와이 섬에 선교하러 들어온 개신교 선교사들은 거의 옷을 입지 않고 생활하는 원주민들을 보고 놀라 자신들이 입고 온 옷이나 가지고 온 조각천으로 몸을 가릴 수 있는 옷을 만들어 주었다고 합니다. 이 옷이 하와이의 전통 옷인 무무(muumuu, 원피스)라 전해지고 있습니다.

원주민들이 옷을 만들면서 했던 바느질은 오늘날까지 우리가 하와이안 퀼트로 알고 있는 바느질과는 사뭇 다른 것으로 보입니다. 원주민들의 바느질은 카파 모(Kapa moe)에서 유래되었다 합니다. 카파(Kapa)는 나무껍질을 부드러워질 때까지 두들겨서 만든 직물로, 새의 뼈로 만든 바늘을 사용해 옷이나 이불을 만들었다고 하지요. 하와이에서 무명천은 쉽게 구할 수 없었고 원재료인 목화 재배도 기후에 적합하지 않아 서구 문화가 유입되기 전까지는 우리가 알고 있는 퀼트가 성행하지 않았을 것이라 추측됩니다.

정통 하와이안 퀼트는 1880년 경 처음으로 시작된 것으로 알려져 있습니다.
이자벨 버드(Isabella Bird)가 하와이의 꽃, 나무 등 자연을 중심으로 디자인한 하와이안 퀼트 책이 1872년 출판되었습니다. 무명 원단은 서양 문화와 함께 하와이에 들어왔고, 그때부터 원주민들이 무명을 이용해 옷이나 이불을 만들었다 하니 정통 하와이안 퀼트가 시작된 것입니다.

하와이 퀼트는 두 장의 원단을 가지고 만드는데 한 장은 배경용으로, 또 한 장은 모티브를 잘라 아플리케용으로 사용합니다.

모티브 원단을 2분의 1, 다시 4분의 1, 다시 8분의 1로 접어 그 안에 디자인을 그리고 오립니다. 그 다음 배경 원단에 자른 모티브 원단을 중심에서 대칭으로 방사하듯 펴서 만들어집니다. 이것이 오늘날 우리가 알고 있는 정통 하와이안 퀼트랍니다.

하와이안 퀼트의 많은 디자인은 하와이의 자연에서 영감을 얻습니다. 원주민들은 카파(Kapa)로 이불을 만들 때 꽃, 식물, 바다와 같은 하와이의 자연을 모티브로 사용하고, 채소나 과일 등 의미있는 식물들을 이불이나 옷에 표현해 가족의 평화와 사랑, 안전을 기원했다고 합니다. 다만 사람이나 동물은 모티브로 사용하지 않았는데, 이런 모티브를 사용하면 이불을 덮고 자는 동안 환생해서 해를 입힌다고 믿었기 때문입니다.

잔잔한 파도를 연상케 하는 에코 퀼팅은 평화를 상징해서, 직선이나 대각선 퀼팅 방법보다 많이 사용됩니다.
파도가 퍼지듯 반복해서 하는 에코 퀼팅은 하와이안 퀼트만의 고유한 기법으로, 작품의 멋을 더해주지요.
하와이안 퀼트는 긴 시간을 필요로 하는 수작업 작품입니다.

디자인한 자연을 천으로 표현하기 위해서는 수천 번의 미세한 바느질을 해야 합니다. 하지만 이렇게 열심히 한 아플리케로 작품이 끝나는 게 아닙니다. 아플리케는 하와이안 퀼트 작품을 만들기 위한 기초 작업의 일부분일 뿐이니까요. 아플리케가 끝나면 솜과 함께 퀼팅하는 작업이 남아 있습니다. 이렇게 하와이안 퀼트는 많은 시간이 걸리고 많은 기술과 인내가 필요한 작업이며, 하나하나 그 의미를 지니고 있는 모티브에 영혼(Mana)을 담아 만들어내는 작품입니다.
이러한 하와이안 퀼트의 작품성과 진정성을 인정받아, 현재에 이르러서는 이불 등 생활용품보다는 벽걸이나 미술품으로도 널리 인정받고 있습니다.

2) Aloha 안녕하세요!

Aloha! 가장 유명한 하와이 어이며 이제는 우리나라에서도 많이 알려진 단어이지요?
알로하는 일상적인 인사로 우리나라의 '안녕'처럼 만날 때와 이별할 때, 모두 사용된답니다.
'알로하 (ALOHA)' 는 글자 하나하나가 각각 의미를 갖고 있습니다.

A = Akahai = 배려
L = Lokahi = 조화
O = Olu'olu = 기쁨
H = Ha'a Ha'a = 겸손
A = Ahonui = 인내

이렇게 5개의 철자의 머리글자를 조합한 것이 알로하 (ALOHA) 인 것입니다. 또한 ALO는 '~ 앞에', HA는 '생명'이라는 뜻이기도 해서 '하나님이 주신 생명으로 하나님 앞에 있다'라는 의미도 담겨있다 합니다.
'알로하!' 하고 인사할 때는 엄지와 소지만 편 손 모양을 만들어 인사합니다.
알로하~

(Design by Furukawa Eriko)

3) 어서 오세요. 환영합니다.

'Welcome, 환영합니다!'
하와이에서는 '환영합니다'라는 의미를 가지고 있는 과일이 있는데, 바로 파인애플(hala kahiki)입니다.

그래서 하와이 곳곳에 파인애플 모형으로 만들어 놓은 간판이나 조형물이 많이 보이기도 하지요. 파인애플은 태양의 에너지를 받아 하와이의 자연에 넘쳐나서, 이를 '대지의 은혜'로 여기며 하와이에서 꾸준히 사랑받고 있습니다. 파인애플은 '부와 재산의 상징', '번영', '소원이 이루어진다'는 의미를 담고 있어서 여러 예술적 모티브로도 큰 인기를 얻고 있습니다. 저 역시 하와이안 퀼트에 입문해서 처음 만들어 본 것이 파인애플 벽걸이인데, 그래서인지 지금도 제 작업실에서 제일 사랑받고 있습니다. 처음 만든 것이라 애정도 그 어느 작품보다 더하네요. 정성을 다해 만들어 예쁜 액자에 넣어 현관에 걸어 보세요. 분명 행운이 찾아올 거예요.

4) 초보자를 위한 정통 하와이안 퀼트

그럼 하와이안 퀼트를 위한 기본 준비를 시작해 보겠습니다. 바느질을 위한 기본 바늘 뿐 아니라, 하와이안 퀼트만을 위한 특별한 준비물도 있습니다. 하나하나 살펴보면서 함께 알아보겠습니다.

 기본 재료

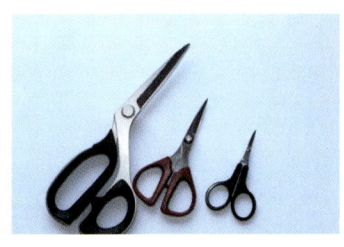
- **가위** - 재단 가위는 모티브를 컷팅할 때 사용하며, 끝이 잘 드는 것으로 준비합니다.
패치 가위는 리버스(역아플리케)할 때 사용합니다.

- **자** - 50cm 이상 큰 사이즈의 자는 디자인 할 때 사용합니다.
시접자는 퀼팅 라인을 그리는데 아주 유용합니다.

- **후프 (35cm)** - 퀼팅할 때 사용하며 35cm가 제일 적당합니다.
작은 사이즈의 퀼팅을 할 때는 가장자리에 원단을 덧대서 후프에 끼우면 됩니다.

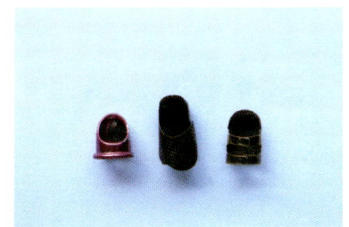
- **쇠골무** - 퀼팅할 때 사용하며 한 땀 한 땀 하는 하와이안 퀼트와 언제나 함께하는 준비물입니다.

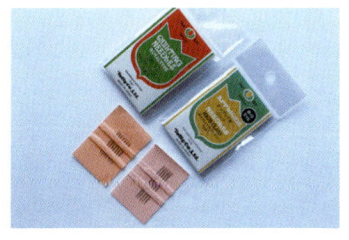
- **아플리케 바늘, 퀼팅 바늘** - 아플리케 바늘은 최대한 가늘고 긴 것이 좋습니다. 퀼팅 바늘은 가능한 짧은 것이 좋은데, 그래야 바늘땀이 예쁘고 퀼팅하기가 편하기 때문입니다.

- **시침핀** - 시침할 때 사용합니다.

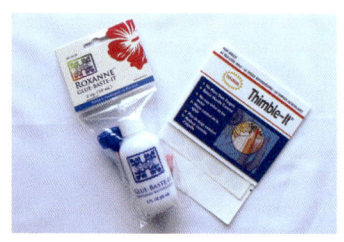
• 시침풀, 골무 스티커 - 시침풀은 꼭 하와이안 퀼트 전용 풀을 사용하도록 합니다. 전용 풀은 물에 담그면 없어지지만, 일반 풀을 사용하면 딱딱하게 굳거나 원단을 훼손하기 때문입니다. 큰 작품을 만들 때, 시침질 전에 사용하면 좋습니다. 스티커 골무는 퀼팅할 때 사용합니다.

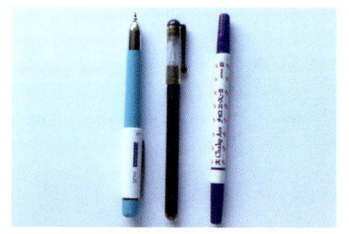
• 수성펜, 초크펜 - 원 단위 퀼팅 라인 등에 사용합니다

• 아플리케 실, 퀼팅 실 - 보통은 아플리케 실과 퀼팅 실을 구분해서 사용하지만, 퀼팅 실 종류가 많지 않아 아플리케 실로 퀼팅까지 하기도 합니다.
TIP ▶ 퀼팅 실로 아플리케를 하면 바늘땀이 거칠어지니 아플리케는 꼭 전용 실을 사용합니다.

• 무지원단 면 30수 - 하와이안 퀼트에서 일반적으로 제일 많이 사용하는 원단입니다.

• 하와이안 프린트 원단 - 하와이 하면 생각나는 화려하고 시원시원한 색감의 원단입니다.

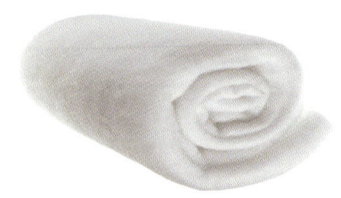
• 부드러운 퀼팅 솜 (폴리에스테르) - 하와이안 퀼트 작품에는 가볍고 볼륨감 있는 폴리에스테르 솜을 많이 사용합니다.
작품 사이즈에 따라 두께도 다르게 사용하지만 벽걸이는 보통 6~7 온스를 많이 사용합니다.

하와이안 퀼트에서 빵나무는 풍요와 부유의 상징으로, 하와이안 퀼트의 가장 전통적이고 인기 있는 주제 중 하나입니다. 처음 만드는 퀼트 모티브로 빵나무를 선택하면 그 사람은 평생 배부르게 먹고 사는 부유한 삶을 누릴 수 있다는 설이 있기 때문이지요. 그래서 임신한 엄마들이 태어날 아기가 평생 부유한 삶을 누리기를 바라며 빵나무 모티브로 아기 이불이나 소품을 만들어 주기도 합니다. 이 책에서도 보시는 모든 독자의 삶의 풍요를 기원하며 빵나무의 모티브로 시작하려 합니다.

디자인 그리기

❶ 빵나무의 잎모양을 스케치합니다.

❷ 원하는 사이즈의 종이를 8분의 1로 접어 디자인의 반을 옮겨 그려줍니다.

TIP ▶ 하와이안 퀼트의 모티브는 옆과 옆이 꼭 연결되어야 합니다. 여기서는 열매로 연결해 주었어요.

❸ 디자인을 8분의 1의 도안에 또는 5-7cm(벽걸이)의 여유분을 주고 그려줍니다.

❹ ❸에서 완성한 디자인을 수정, 정돈하고 퀼팅 라인을 그려 넣어 완성본을 만듭니다.

❺ ❹를 사인펜으로 진하게 따라 그리고, 뒤에 비치는 선을 따라 4분의 1 도안을 완성합니다.

❻ 돌아가면서 전체 본을 그리고, 디자인에 제목과 날짜, 사이즈를 적어두면 완성!

다림질 하기

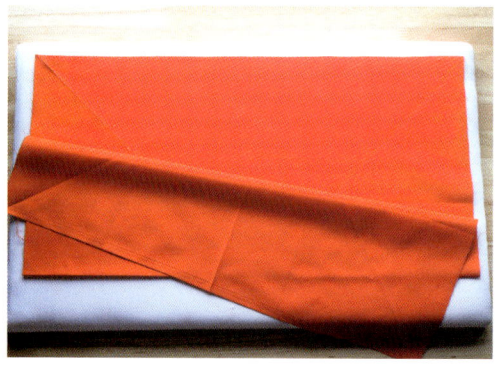 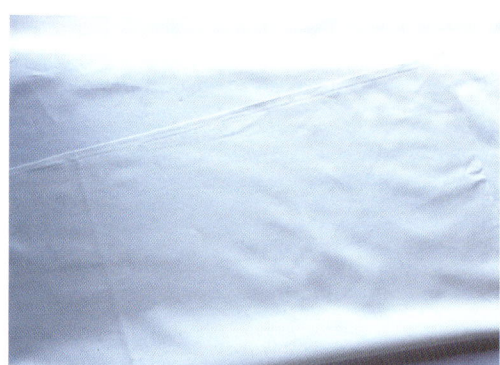

❶ 원단을 겉이 위로 올라오게 편 다음 다림질해줍니다.

❷ 반으로 접어 다립니다.

❸ 4분의 1이 되도록 접어 다립니다.

TIP ▶ 안쪽의 주름이 지지 않도록 주의합니다.

❹ 8분의 1이 되도록 삼각형 모양으로 접어 다림질해줍니다.

TIP ▶ 접은 선이 어긋나지 않도록 핀으로 고정시키고 다리면 보다 수월합니다.

❺ 바탕 원단과 모티브 원단, 두 장의 원단을 각각 다림질 해주면 완성입니다.

컷팅하기

❶ 부직포에 디자인을 옮겨 그립니다.

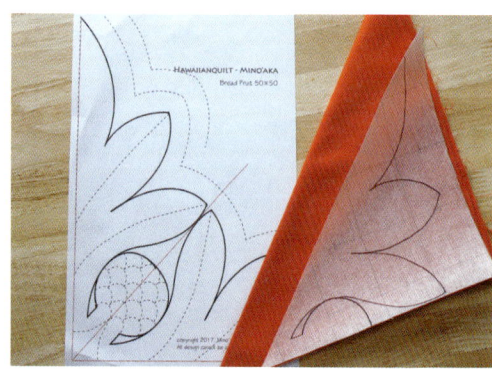

❷ 다림질한 모티브 원단 위에 부직포를 올려 놓고 핀으로 고정합니다.

❸ 선을 마주보도록 시침핀으로 촘촘히 고정합니다.

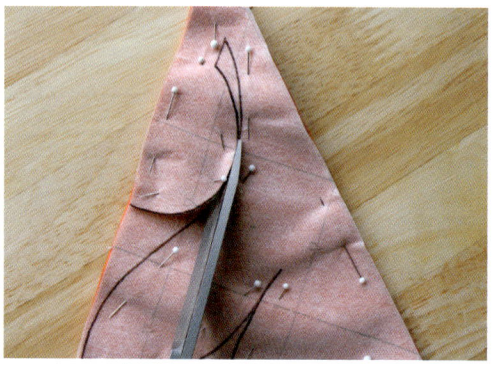

❹ 천을 바닥에서 둔 채로 가위 끝만을 이용해 조금씩 선을 따라 컷팅합니다.

❺ 컷팅이 끝나면 핀을 제거합니다.

시침하기

❶ 다림질한 바탕 원단을 펴고, 3곳이 안으로 접힌 부분에 모티브를 올립니다.

❷ 모티브 4분의 1만큼을 폅니다.

❸ 밑의 원단을 핀으로 고정하고, 반으로 폅니다.

❹ 전체를 편 다음 핀으로 임시 시침합니다.

❺ 아플리케 실로 모티브 가장자리를 돌아가며 시침합니다.

❻ 시침이 끝나면 핀을 제거합니다.

아플리케하기

❶ 0.2cm만큼 시접을 접어 넣고 시접 안쪽, 그리고 위에서부터 시작합니다.

❷ 실을 뺀 바로 밑의 원단으로 바늘을 넣어 모티브 원단 시접선 사이로 바늘을 뺍니다.
TIP ▶ 땀 간격은 0.2~0.5cm를 넘지 않도록 합니다.

❸ 모티브 위(산)에 다다르기 두 땀 전에 아플리케를 멈추고 일자가 되도록 접어 넣습니다.

❹ 바늘이 나온 곳이 산이 되도록 옆을 한 번 더 접어 넣고 계속 아플리케합니다.

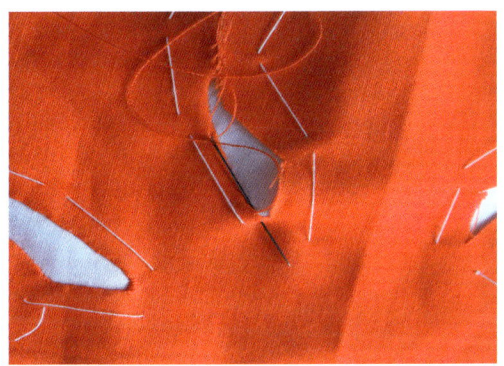 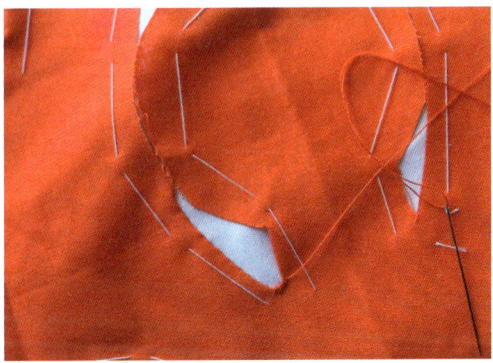

❺ 골짜기에 다다르면 두 땀 전에 바늘을 안쪽으로 0.2cm만큼 넣어 촘촘히 메꿔줍니다.

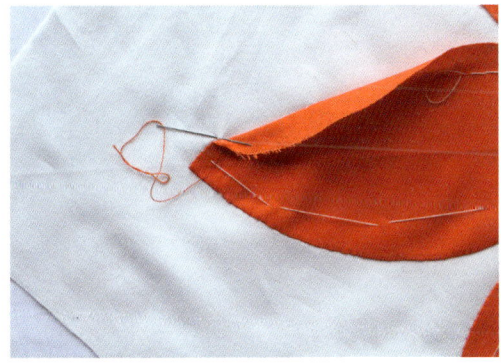

❻ 실을 바꿀 때는 원단을 살짝 들어 올려 한 땀 안쪽으로 바늘을 뺀 뒤 매듭을 지어줍니다.

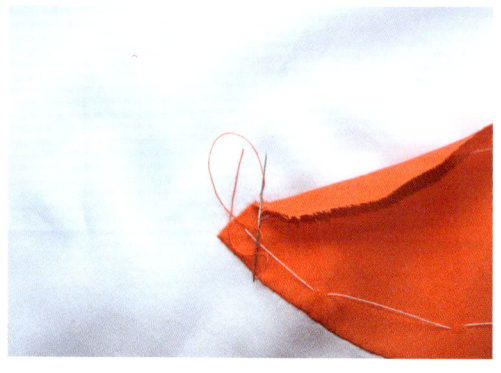

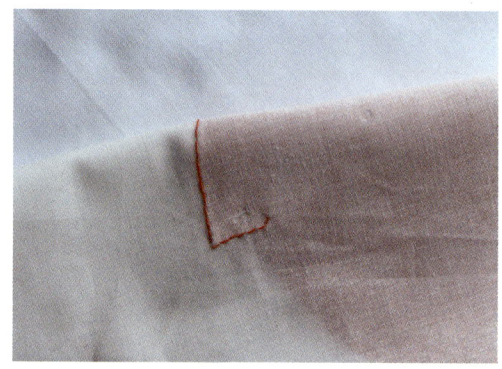

❼ 원단 사이로 바늘을 빼서 매듭이 앞, 뒤에서 보이지 않도록 합니다.

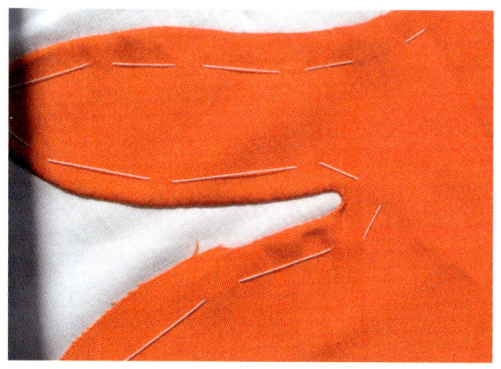
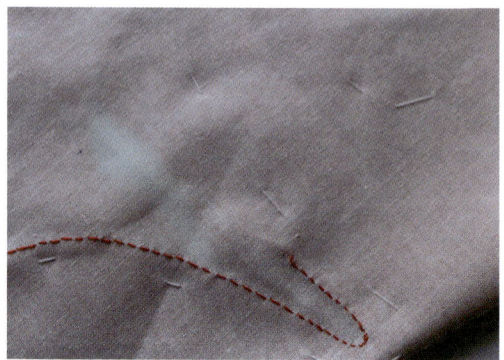

※ 전통 하와이안 퀼트에서는 바늘땀이 위에서 보이지 않아야 합니다. 이를 위해 뒤의 땀을 자주 확인 해줍시다. 뒤에 땀은 일자가 되도록 하며, 모티브 바로 밑, 안쪽에서 위, 바깥쪽 시접 선 순으로 바늘을 빼 주면 됩니다.

퀄팅하기

❶ 퀄팅 속지 - 솜 - 아플리케가 끝난 탑을 차례로 올려놓습니다.

❷ 가장자리를 시침합니다.

❸ 정 중앙에 후프를 끼워줍니다.

❹ 후프의 나사를 조금만 조인 상태에서, 뒤쪽에서 속지만 잡고 돌아가며 팡팡하게 당겨준 다음 나사를 마저 조여 고정해줍니다.

❺ 도안에 그려져 있는 퀼팅 라인을 따라 그려줍니다.

❻ 퀼팅을 시작하기 전 바늘 잡는 손가락에 쇠골무를 끼우고, 밑에서 받쳐주는 손가락엔 퀼팅 테이프를 붙여줍니다.

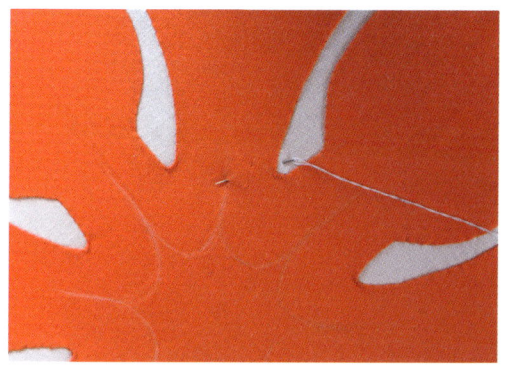

❼ 퀼팅은 후프를 낀 정 가운데부터 시작하며, 위에서 퀼팅 시작할 곳에 바늘을 넣고 실을 당겨 매듭은 원단 안에 숨겨줍니다.

❽ 한 땀 뒤부터 시작합니다.

➡ 바늘이 나올 자리를 엄지로 눌러주는 모습

❾ 퀼팅 땀은 위와 밑이 같아야 하며 0.2~0.5cm 정도가 적절합니다.
바늘을 일직선으로 집어넣고, 뒤로 젖혀 튕기듯이 앞으로 밀어 뺍니다.

TIP ▶ 엄지손가락은 바늘이 나올 위치를 눌러주고, 밑의 테이프 붙인 손가락은 바늘이 위로 잘 나오도록 밀어주는 역할을 합니다.

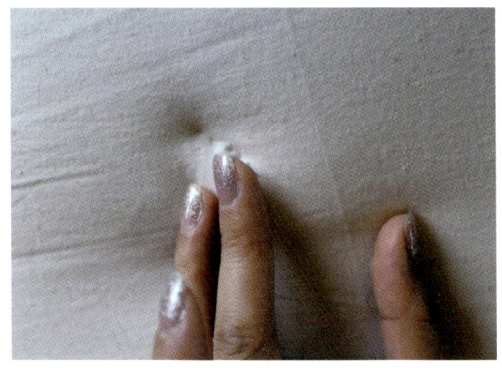

➡ 밑에서 바늘을 위로 밀어주는 모습

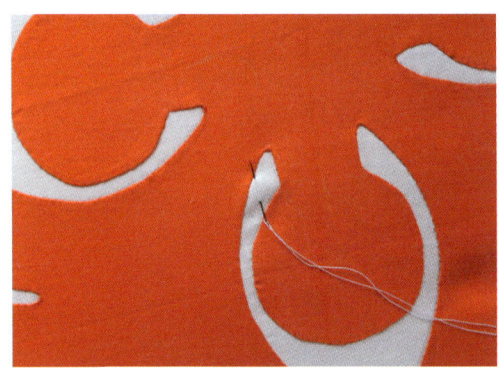

❿ 가운데 퀼팅이 끝나면 모티브 라인을 따라 누름 퀼팅을 합니다.
위에서부터 퀼팅 시작할 곳에 바늘을 넣고 실을 당겨 매듭은 원단 안에 숨깁니다.

⓫ 누름 퀼팅도 한 땀 뒤부터 같은 방법으로 합니다.

⓬ 실을 바꾸거나 마무리할 때도 위에서 매듭을 잡아 원단 사이로 바늘을 빼서 매듭을 감춥니다.

⓭ 후프 안의 퀼팅이 끝나면 바로 옆으로(시계방향) 이동해서 퀼딩을 이어갑니다.

※ 한 땀 한 땀 하는 퀼팅 법이라 처음은 낯설고 어려울 수 있지만, 꾸준히 연습한다면 일반 퀼팅보다 땀이 일정하고, 예쁜 퀼팅이 완성될 거예요.

바이어스, 쿠션 마무리하기

❶ 다음 순서를 따라 바이어스를 연결합니다.
TIP ▶ 뒷지를 먼저 만들어 둔 상태에서 시작합니다.

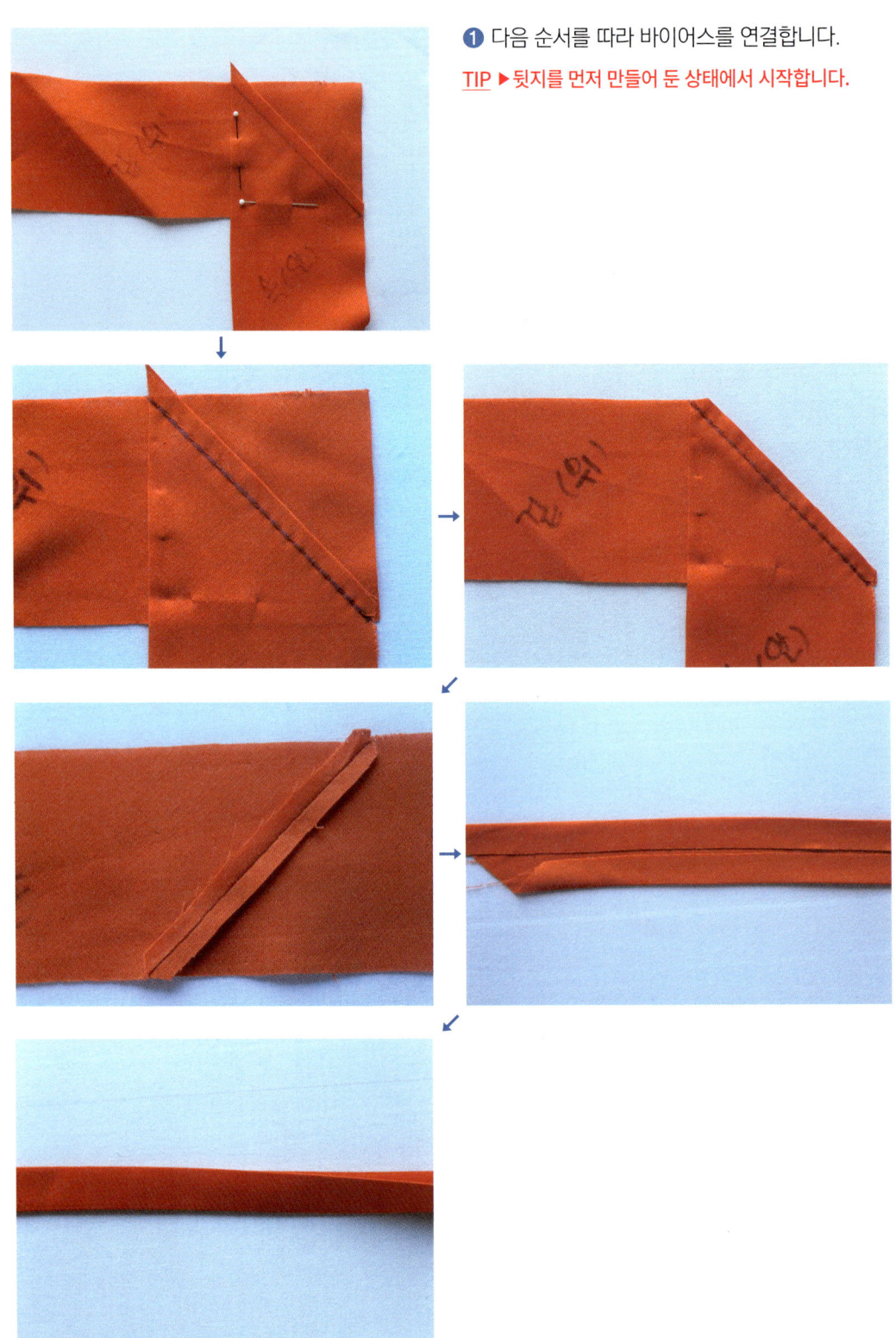

❷ 원단 두 장을 나누어 한 쪽 면을 두 번 접어 홈질한 다음 7cm가 겹치도록 올려놓습니다.

TIP ▶뒷지를 먼저 만들어 둔 상태에서 시작합니다.

❸ 겹쳐진 부분과 가장자리를 시침질합니다.

❹ 바이어스한 면의 3분의 1의 지점에서 시작합니다.

TIP ▶탑 위에 공그르기할 선을 바이어스 두께만큼 펜으로 미리 표시해 두면 좋습니다.

❺ 핀으로 먼저 고정합니다.

<u>TIP</u> ▶ 모서리 부분은 끝 선을 펜으로 표시한 뒤 윗면만 접어 각을 만듭니다.

❻ 공그르기로 윗면을 연결합니다.

❼ 끝은 시작했던 바이어스 안쪽으로 겹쳐놓고 공그르기로 마무리합니다.

❽ 윗면이 끝나면 뒷면도 공그르기해줍니다.

❾ 완성한 모습.

하와이안 퀼트
모티브 알아보기

2장

2장

하와이안 퀼트 모티브 알아보기

제가 처음 하와이안 퀼트에 입문했을 때는 만드는 방법만 익혔을 뿐 모티브의 이름도 의미도 알 수가 없었습니다. 선생님이 알려 주시지도 않았지만, 일본말이 서투른 그때는 하나하나 물어볼 용기도 없었죠. 작품에는 이야기가 있어야 한다는데 정작 모티브의 이름이나 의미는 배울 수 없고, 답답한 마음에 혼자 인터넷을 찾아가며 익혀보았지만 그것도 한계가 있으니 알 수 있었던 건 간단한 몇 가지뿐이었습니다. 결국 하와이의 자격증 취득 프로그램에 등록해서 하와이를 알아가며 자연을 배우니, 좀 더 빨리 배우지 못한 게 많이 참 아쉬워요. 진작 알았으면 더 좋은 작품을 만들 수 있었을 텐데 말이에요.

그래서 하와이안 퀼트에서 가장 많이 사용하는 꽃과 나무 모티브의 이름과 의미를 담아보았습니다. 의미를 이해하고 만들어낸 작품은 더 멋지고 더 따뜻한 작품이 될 거에요.

히비스커스
Hibiscus / Aloalo

항상 새로운 아름다움

히비스커스는 그날 피어 그날에 시들어 버리는 하루살이 꽃이지만, 빛이 잘 드는 곳에 두면 계속 꽃봉오리를 만들어내며 꽃을 피웁니다. 그래서 '항상 새로운 아름다움'이라는 의미를 가지죠. 노란색 히비스커스(ma'o hau hele)는 하와이의 주화이자, 하와이에서 가장 흔하게 찾아볼 수 있는 꽃입니다. 히비스커스 꽃은 우리에게 많은 것을 주는 식물이기도 합니다. 꽃은 음식으로, 꽃에서 나오는 액즙은 화장품에 사용되는데, 특히 어둡고 시든 꽃에서 나온 액즙은 아이라이너와 마스카라에 사용된다 합니다. 특히 히비스커스 음료는 전 세계에서 사랑받는 음료이기도 하죠.

히비스커스 꽃은 하루 동안은 시들지 않아 하와이 여인들이 머리에 장식하는데, 결혼을 안 한 소녀들은 오른쪽에, 결혼한 여자나 정혼자가 있는 여성은 왼쪽에 장식합니다. 장난삼아 머리 뒤쪽에 장식하여 오늘 전 한가해요! 라는 장난도 했던 기억도 있네요. 우리나라 무궁화하고도 많이 닮아 있어서일까요? 유독 애정이 가는 사랑스러운 꽃입니다.

60 x 60

몬스테라
Monstera

감사, 무서운, 기쁜 소식, 깊은 관계

서양에선 헌신(dedication)이라는 의미가 있기도 하지만 하와이에선 희망이라는 의미를 지닙니다. 몬스테라 잎이 성장함에 따라 구멍이 생기고, 그 구멍으로 비치는 빛을 '희망의 빛'으로 여겨서 몬스테라를 희망의 모티브로 여깁니다. 하지만 꼭 이렇게 예쁜 꽃말만 있는 것은 아닌 것 같습니다. 'Monstera(몬스테라)'는 라틴어로 '기괴하다'는 뜻으로, 라틴어의 기괴한 괴물을 의미하는 요괴(Monstrum)에서 온 것으로 알려져 있습니다. 아마도 잎사귀에 생기는 구멍의 독특한 모양에서 유래한 것 같군요.

▼
60 x 60

플루메리아
Plumeria / Melia

● 우아한 기품, 수줍은 처녀, 아름다운 매력, 양지 ●

플루메리아의 꽃말은 꽃에서 나는 우아하고 품위 있는 향기에서 유래하는 것으로 보입니다. 또한 꽃말 중 '양지'는 햇빛을 많이 받아 많은 꽃을 피우는 데서 비롯했다고 합니다. 은은한 향기를 내뿜는 플루메리아 꽃과 너무 잘 어울리는 꽃말들이죠?

플루메리아 꽃에는 보름날 새벽, 꽃잎을 모아 레이를 만들어 좋아하는 사람에게 건네주면 사랑이 이루어진다는 로맨틱한 전설이 있습니다.

또한, 플루메리아의 5개의 꽃잎은 각각 의미를 가지는데 알로하Aloha의 문자 하나하나가 가진 의미와 같습니다.

Akahai 배려 - Lokahi 조화 - Olu'olu 기쁨 - Ha'aha'a 겸손 - Ahonui 인내, 이렇게 알로하와 같은 의미를 가질 만큼 플루메리아 꽃이 하와이를 대표하는 사랑받는 꽃이란 것을 알 수 있겠지요?

60 x 60

안스리움
Anthurium
번뇌, 사랑에 괴로운 마음

안스리움은 꽃 색마다 각각 의미하는 게 다릅니다. 빨간 꽃은 열정, 흰색은 성실을 의미하고 분홍 꽃은 꾸밈없는 아름다움을, 녹색은 순진한 마음이라는 꽃말을 갖고 있어요.
특히 하트 모양과 열대의 선명한 색채를 가진 안스리움의 모습이 마치 사랑에 애타는 속마음 같아서 번뇌, 사랑에 괴로운 마음이라는 꽃말을 만들었다고 합니다.

하와이에서는 그 의미를 '환대'로 생각합니다. 덕분에 밸런타인 데이 선물 꽃으로 제일 사랑받기도 하고, 하와이의 심장(Heart of Hawaii)이라는 별명으로도 사랑받습니다. 또한 열대성 꽃으로 지속력이 강해서 하와이의 호텔이나 카페 등에서 꽃꽂이 꽃으로 최고의 인기를 얻고 있습니다.

▼
60 x 60

나우파카
Naupaka / Naupaka kai

하와이어로 해변 나우파카(Naupaka kai), 산 나우파카(Naupaka kuahiwi)라고 합니다.

나우파카에는 특별한 꽃말은 없지만, 슬픈 전설이 담겨있습니다. 다양한 버전의 전설이 있지만, 그 중 제가 알고 있는 전설을 이야기해 드릴게요.

펠레, 하와이에서 지금까지도 용암 속에 살고 있다고 믿는 불의 여신입니다. 불의 여신 펠레는 한 남자를 사랑하게 되었는데, 그 남자에게는 이미 사랑하는 여인이 있었습니다. 그 사실에 펠레는 질투하고 분노했습니다. 그러자 두 연인은 펠레의 분노를 피하고자 도망을 갑니다. 남자는 바다로, 여인은 산으로. 도망간 두 연인은 만날 수 없는 그리움으로 하얀 반쪽 꽃으로 피어나게 되었어요. 꽃을 보면 반으로 나누어져 있는 듯한 모양을 볼 수 있습니다. 한 송이로는 완전해질 수 없는 나우파카. 그래서인지 두 꽃을 합치면 두 연인의 영혼의 도움으로 반드시 그 사랑이 이루어진다는 전설이 내려오고 있습니다.

60 x 60

티아레
Tiare o Tahiti / Nanu

맑고 청초한, 나는 행복합니다

의미 또한 아름다운 순백의 꽃을 그대로 닮았지요?

'티아레'는 타히티어로 '꽃'을 의미하므로 티아레 타히티라고 하면 타히티 꽃이라는 의미가 되겠네요. 티아레 타히티는 타히티 사람들의 생활에 빠뜨릴 수 없을 만큼 특별하다고 합니다. 티아레는 약용로도 널리 쓰이고, 코코넛 오일에 티아레 타히티를 넣어 만든 향기 오일인 모노이 오일(Monoi de Tahiti)은 타히티의 아주 오래된 전통 물품이랍니다.

티아레 타히티는 행운을 가져다준다는 전설도 있습니다. 티아레 타히티는 보통 6~7장의 꽃잎을 가지는데 간혹 5장, 혹은 8장의 꽃잎을 피웁니다. 이 꽃을 발견한 사람에게는 큰 행운이 찾아온다는 전설이 있습니다.

타히티에 가실 기회가 있다면 달콤한 향기가 나는 티아레 꽃을 꼭 찾아보시고 더불어 큰 행운도 얻어 오세요.

60 x 60

마이레
Maire / Maile

결연, 평화

마이레는 하와이의 숲이라면 어디서든 쉽게 볼 수 있는 넝쿨 관목입니다. 잎이나 줄기에선 바닐라 같은 향기가 나며 신이 머무는 신성한 잎, 서로를 묶어주는 결연, 평화 등의 의미가 있습니다.

마이레의 꽃말 중 '결연'은 사랑하는 사람과의 깊은 유대 관계를 상징해서, 레이로 만들어 결혼하는 신랑 신부의 손에 엮어 신성한 관계를 표현하기도 합니다. 또한, 하나님의 발자취라고도 여겨 마귀를 쫓는 데 사용되기도 한다고 하네요.

또 다른 꽃말, '평화'는 현대 문명이 발전되기 전 하와이 부족의 족장들이 휴전할 때 마이레로 레이를 엮어 평화를 이룩한 데서 온 것입니다.

하와이 정통 춤 훌라에서도 마이레 레이는 빼놓을 수 없을 만큼 특별합니다. 레이를 만드는 데 쓰이는 대부분의 식물이 외래종이지만 마이레만큼은 하와이 땅에서 뿌리를 내리고 자라나는 유일한 토종 식물이기 때문입니다.

120 x 120

진져
Ginger / Awapuhii

존경받는 사랑, 당신을 신뢰합니다

진저는 저녁이 되면 향기로운 꽃을 피우는데, 그 향이 훌륭해서 향수에도 사용된다고 합니다. 이런 진져의 향에서 '풍부한 마음, 당신을 신뢰합니다, 존경받는 사랑'이라는 꽃말이 생겼다고 하네요.

진져는 화이트 진져, 레드 진져 등 많은 종류가 있지만 하와이안 퀼트에서 제일 사랑받고 제일 많이 사용되는 꽃은 역시 토치 진져가 아닐까 싶습니다. 토치 진져Torch Ginger는 하와이에서 가장 키가 큰 꽃이며 독특한 자태가 매혹적인 꽃입니다.

130 x 130

월하미인
Night-blooming cereus / Panini o Ka-puna-hou

단 한 번만이라도 보고 싶어, 덧없는 사랑

월하미인의 꽃말은 하룻밤 새 피고 지는 특성에서 붙여졌답니다.

밤에 피는 선인장 꽃은 대체로 흰색이거나 매우 희미한 핑크빛 색조를 띠며, 꽃이 크고 강한 향기가 납니다. 꽃의 모양이 화려하고 여성스러운 분위기를 가지고 있으므로 '요염한 미인'이라는 꽃말이 붙여져 있기도 하지요. 하와이에서 피는 월하미인은 다른 지역과 달리 조금 독특합니다. 일반적으로 떠올리는 선인장과 달리 넝쿨처럼 벽이나 나뭇가지 등을 휘감아 성장하며 두꺼운 나무처럼 되기도 합니다. 하와이어로 pānini-o-Ka-puna-hou라고도 하는데, 미국의 오바마 전 대통령이 다니던 푸나 호우 학교(Punahou School)의 울타리에 심어져 있어서 붙여진 이름으로 푸나호우 학교 선인장이라는 뜻이랍니다.

120 x 120

문주란
Crinum asiaticum

청결, 당신을 믿는다

문주란은 해안의 모래땅이나 바위틈에서 자라나는 해변 식물의 일종입니다. 문주란이라는 꽃 이름은 닥나무의 나무껍질로 만든 무명과 비슷해서 붙여진 이름입니다. 꽃잎이 만년청과 비슷하게 생겨 만년청이라고도 불립니다. 한 줄기에 달린 10~20개의 꽃이 순서대로 피어나고, 6장의 길쭉한 꽃잎이 뒤로 젖혀져 있습니다.

흰 꽃잎의 중심에는 붉은 수술이 크게 튀어 나와 꽃의 화려함을 더해줍니다. 우리나라에는 제주도 토끼섬에 많이 자생하고 있습니다. 천연 기념물로도 지정되어있는 꽃이죠.

60 x 60

아프리칸 튤립
African Tulip

명예

불꽃 나무로도 불리는 아프리칸 튤립 꽃은 세계 3대 꽃나무 중 하나입니다. 명예라는 꽃말과 잘 어울리지요? 아프리카 원산의 나무에서 튤립을 닮은 꽃이 핀다 해서 African tulip이 되었다고 합니다. 세계의 열대 지역에 가로수와 정원 나무, 관상용 목적의 꽃나무로 널리 퍼져 있으며, 일 년 내내 붉은 오렌지색의 크고 화려한 꽃을 하늘로 솟아오를듯 피우기 때문에 외형이 무척 화려합니다. 하와이에 갔을 때 도로의 길가에 화려하게 피어있는 튤립나무를 발견하고 차를 잠시만 세워 달라 조르고 졸라 사진을 찍으려 내릴 만큼 화려하고 눈에 띄는 꽃이랍니다.

꽃이 모양새가 독특하고 의미도 좋으니 예쁘게 디자인하여 스포츠 등에서 우승한 사람이나 무언가 업적을 남긴 사람에게 선물하면 좋을 것 같네요.

▼
120 x 120

부겐베리아
Boinviugallea / Pukanawila

열정, 당신밖에 보이지 않는다

부겐베리아라고 하면 열대 섬에 피어있는 이미지가 그려지는데, 이는 하와이를 비롯해 발리, 남국 리조트에서 많이 보였기 때문일 겁니다. 남국의 바다에 부겐베리아는 참 잘 어울리거든요. '부겐베리아'라는 이름은 1768년에 브라질에서 이 나무를 발견한 프랑스인 '부간뷔루'의 이름에서 따온 것으로 전해지고 있습니다.

색은 빨강, 하양, 분홍, 보라, 주황, 노랑이 있지만 정확히는 꽃 색깔이 아닙니다. 꽃을 감싸고 있는 잎(포엽)이며 실제 꽃은 중앙에 있는 하얀 부분이죠. 정말 작고 앙증맞은 예쁜 꽃입니다. 꽃을 보고 있자면 달콤한 향기가 날 것 같지만 부겐베리아 꽃에는 향기가 나지 않습니다. 또한, 부겐베리아 나무에는 가시가 있으니 나무 만질 때 주의하셔야 합니다. 예쁜 꽃에 반해 잘못 만지면 가시에 찔릴 수도 있으니까요.

부겐베리아의 화려한 색과 열정이라는 꽃말이 잘 어울리지요? 또 사람의 마음을 흔들어 고양시킨다고 해서 '영혼의 꽃'이라고도 불립니다. '당신 밖에 보이지 않는다'는 꽃말 때문에 젊은 사람들은 마음에 둔 상대에게 꽃다발로 선물하기도 한답니다. 어느 날 갑자기 사랑의 꽃다발을 받는다면 얼마나 기쁠까요? 좋아하는 상대에게 마음을 전하고 싶다면 부겐베리아 꽃다발을 선물 해 보는 것도 좋겠네요.

60 x 60

오히아 레후아
Lehua / Ohi'a Lehua

열정적인 사랑

지금까지도 하와이에서 살아 있다고 믿는 화산의 여신, 펠레의 얽힌 전설을 가지고 있는 '오히아 레후아'. 오히아라는 청년과 레후아라는 여인은 서로 사랑하는 사이였습니다. 그런데 불의 여신 펠레가 오히아에게 반해버렸고, 그의 마음을 사로잡으려 했지만, 오히아의 마음은 레후아에게만 향하고 있지요. 이에 질투한 펠레는 둘 사이를 갈라놓기 위해 오히아를 용암 대지에 던져, 몸이 배배 꼬인 나무로 만들어 버렸습니다. 레후아는 펠레를 찾아가 오히아를 살려달라고 애원하지만, 펠레는 안 된다고 매몰차게 거절합니다. 그러자 레후아는 눈의 여신 보리아후를 찾아가 구원을 요청했습니다. 보리아후는 '오히아를 인간으로 되돌릴 수 없지만, 영원히 함께 있을 수 있도록 당신을 그 나무에 피는 꽃으로 바꿀 수 있다.'고 대답합니다. 레후아는 그 제안을 받아들였습니다.

그렇게 해서 핀 꽃이 불의 꽃, 오히아 레후아라 합니다. 이 꽃은 용암지대에 피어나고, 꽃을 따려고 하면 펠레의 분노때문인지, 레후아의 슬픈 눈물때문인지 모르게 비가 내린다는 전설도 함께 전해지고 있습니다.

60 x 60

극락조
Bird of Paradise

자부하는 사랑, 뽐내는 사랑

극락조의 꽃말은 사랑에 들뜨는 사람의 모습같은 모양새에서 비롯한 것이라고 알려져 있습니다.
꽃의 이름은 같은 이름을 가진 새의 화려한 장식 날개와 꽃 모양이 닮은 데서 유래했다고 하지요. 모양이 아름다워 꽃꽂이, 관상용으로 인기가 높습니다.
그럼 새 극락조의 이름은 어떻게 지어졌을까요?
극락조가 처음 극락조라고 불리게 된 것은 몇 백 년 전 서양인이 처음 본 그 새가 박제였기 때문이라 합니다. 박제된 새는 다리도 없는 텅 빈 인형일 뿐이었죠. 그것을 본 사람들은 살이 없는 건 음식을 먹지 않아서고, 다리가 없는 것은 지상에 내려갈 필요가 없기 때문이라고 생각했다 합니다. 그래서 붙여진 이름이 천국의 새, 극락조인 거죠. 지금 시대에 믿기 어려운 이야기이지만 재미있는 이야기지요?

120 x 120

릴리코이
Lilikoi / Liliko'i

신성한 사랑·종교, 믿음

릴리코이는 여름에 피어나는 꽃으로, 패션플라워(Passionflower)와 사촌지간이라 알려져 있죠. 흰색, 분홍색, 보라색, 파란색 등 다양한 색으로 피어나고 하와이에는 릴리코이와 닮은 시계꽃 같은 12종류가 분포되어 있습니다. 대부분 식용열매 목적으로 재배하며, 릴리코이 주스는 하와이에서 구아바 주스와 함께 큰 인기를 받고 있답니다. 뿐만 아니라 잼, 아이스크림, 케이크 등 다양하게 사용되고 있으며 상큼달콤한 맛이 인기 만점입니다.

일반적으로 Passion이라는 단어는 열정, 열애 등을 의미하지만, 릴리코이는 그 묘한 꽃 모양 때문에 '예수 그리스도의 수난'을 연상하여 패션 과일이라는 이름이 붙여진 것으로 알려져 있습니다.

60 x 60

라우아에
Lauae Fern / Laua'e

귀여운, 사랑스러운

라우아에는 하와이의 고유 품종은 아니지만, 하와이 어디에서나 볼 수 있는 식물입니다. 특이한 모양의 잎을 가졌고 바닐라 같은 달콤한 향기가 난다고 합니다. 그 때문에 정원에 많이 심고, 잘린 잎도 일주일 정도 신선함을 유지해서 꽃꽂이용으로도 사랑받고 있습니다. 또한, 달콤한 향기 덕분에 레이로도 많이 사용되지요.

라우아에는 강풍에도 염해에도 강하며 햇빛만 있으면 어느 곳에든 자라나는 강한 식물이랍니다. 잎 안에 방울방울, 참 독특한 모양을 하고 있어서 조금 낯설지도 모르지만 달콤한 향기로 사람을 매료시킵니다. 이런 향기가 라우아에에게 귀엽다, 사랑스럽다는 꽃말을 준 것 같네요.

60 x 60

로케라니

Damask Rose / Loke lani

천국의 장미

하와이어로 로케(Loke)는 장미, 라니(Lani)는 천국이라는 의미를 가지고 있으며 특히 진한 향기를 가지고 있는 분홍색의 꽃을 가리켜 로케라니 - 천국의 장미라고 합니다.

로케라니에서는 레몬과 같은 달달한 향기가 나는데, 하와이 사람들이 그 향기를 사랑하여 로케라니를 1923년 마우이 섬의 꽃으로 지정하고 마우이의 장미라고 부르게 되었습니다. 이후에도 다양한 품종이 하와이에 도입되었지만 진한 핑크색의 장미만이 '로케라니'라고 불립니다.

60 x 60

빵나무
Breadfruit / Ulu

풍요, 번영, 성장, 행운

하와이어로는 울루(Ulu)라고 불립니다.

남태평양에서는 오래전부터 이 나무의 열매를 주식으로 삼았기 때문에 유럽인들이 처음 이 식물을 발견했을 때 그들의 주식인 '빵'이라는 이름을 붙였다고 합니다. 열매를 구우면 구운 빵과 같은 맛이 난다고도 하죠.

빵나무 열매는 고대 하와이에선 돼지의 먹이로 사용되었다는 설도 있고 일을 시키는 노예들에게 먹였다는 설도 있습니다. 그만큼 열매에는 성인 남성이 하루에 하나만 먹어도 살아갈 수 있을 정도로 인간에게 필요한 영양소가 다 들어가 있다고 합니다. 그래서 지금은 집집이 빵나무를 심는다고 하네요.

또한 목재가 가벼워 나무는 카누, 북(pahu)를 만드는 데 사용하며 껍질은 직물(kapa)을 만들고 잎으로는 그릇을, 열매는 식량으로 삼았습니다. 그 어느 것도 버릴 게 없는 빵나무이기에 그 의미도 풍요롭습니다.

50 x 50

빵나무의 전설

빵나무의 전설을 들려드릴게요.

위대한 신들이 한때 인간의 모습으로 변하여 하와이의 섬을 거닐던 때가 있었습니다. 쿠 신 역시 하와이의 한 여자와 결혼해 아이들을 낳고 키우며 평범하게 살아가고 있었지요. 하지만 섬에는 흉년이 들었고, 섬 전체가 굶주림과 질병으로 신음했습니다. 쿠의 아이들도 배가 고프다고 울었지만, 아이들의 어머니는 방법이 없어 눈물만 흘릴 뿐이었습니다.

어느 날 쿠는 아내에게 말합니다. "아이들의 음식을 가지고 올까? 하지만 그러려면 나는 다시는 돌아오지 못할 것이야." 라고 말합니다. 아내는 그에게 가지 말라 말하고 싶었지만, 아이들이 배고픔에 울부짖는 모습을 보며 결국 헤어짐을 선택합니다.

그날 밤 쿠는 아내의 이름을 부르며 슬픈 작별 인사를 하고는, 아내가 보고 있는 앞에서 물구나무를 하는 듯한 모습으로 머리부터 땅속으로 가라앉아 갔습니다. 아내는 남편이 떠나간 그 자리에서 매일 눈물을 흘렸습니다.

그런데 그 눈물이 떨어진 자리에서 새싹이 나왔고, 그 싹은 무럭무럭 자라나 큰 나무가 되고, 잎과 꽃을 피워 큰 열매를 만들어냈습니다. 아내는 그 열매를 따서 아이들에게 먹이며 말합니다. "이 열매는 아버지의 선물이야." 이 나무가 바로 빵나무랍니다.

헬리코니아
Heliconia

주목, 엉뚱한 사람

눈을 매혹하는 선명한 색채와 가재의 손 모양이나 조류의 부리와 닮은 독특한 꽃 모습에서 꽃말을 쉽게 연상할 수 있지요. 그리스 신화의 문예를 맡는 여신 무사 (Musa)가 사는 헬리콘 산 (Mount Helicon)의 이름에서 학명 'Heliconia'가 탄생했다고 합니다. 겉에서 꽃처럼 보이는 빨간색이나 노란색 등 밝은 부분은 꽃을 감싸고 있는 잎으로, 실제 꽃은 잎에 감싸져 잘 보이지 않는답니다.

60 x 60

120 x 120

티
Ti / Ki

부적

티 나무는 하와이어로 키(ki), 또는 라이 (la'i)라고도 불립니다. 하와이에서 티는 저지대에서 중간지대까지, 습한 지역에서 자랍니다.

고대 하와이에서 티는 신성한 것으로 여겨져서, 티의 잎으로 짠 레이는 알라 이, 즉 왕족 계급만이 사용할 수 있었다고 하죠. 특히 빨간색 티는 액을 막는 작용이 강한 것으로 알려져서 집 주위에 빨간 티를 심어 가정을 지켰다고 합니다. 또 신들에게 바치는 제물을 호오쿠뿌라고 하는데, 티에는 특별한 Mana, 영적인 힘이 있다고 믿어서 티의 잎을 펼치고 고기나 생선 등의 제물을 넣어 싸서 만들었답니다.

하와이 섬의 와이피오만에는 상어가 서식하고 있습니다. 그래서 이 바다에 들어가기 전에 티의 줄기를 바다에 던져 줄기가 가라앉으면 상어가 있다는 것이고, 그대로 흘러가면 안전하다고 판단 했다고도 하네요.

하와이 자동차 안을 보면 티 레이가 걸려 있는 걸 종종 볼 수 있는데 이것도 부적의 의미가 있기 때문이랍니다. 티는 원래 고대 폴리네시아 사람들이 카누를 타고 하와이로 가져 왔다고 하고, 다양한 의약 목적으로 사용됩니다.

▼
60 x 60

파파야
Papaya

불타는 마음

파파야 꽃말의 유래는 정확하지 않습니다. 하지만 커다란 잎 사이에서 여러 개의 작은 꽃 몽우리가 어떻게 해서든지 열매를 익히려고 하는 모습에서 불타는 마음이라는 꽃말이 붙었을 것이라고 추측하고 있습니다. 열대 과일, 하면 파파야를 떠올리는 사람이 많이 있을거예요. 선명한 주황색의 열매는 영양가가 높고 달콤한 맛으로 혀에 감기는 감촉도 매우 부드럽습니다. 나무의 높이는 10m 이상에 도달하지만, 줄기가 매우 부드러워 쉽게 부러지고 부러진 나무는 바로 썩어버려서 나무가 아닌 화초로 구분되지요. 파파야 꽃은 매우 작으므로 눈에 잘 띄지 않아 퀼트의 모티브로는 잘 사용하지 않지만, 큼직한 파파야가 달린 나무는 최고의 모티브로 사랑받고 있습니다.

38 x 60

스티치

구아바
Guava

강건

구아바는 다른 꽃에 비해 진드기 같은 해충이 잘 꼬이지 않는다고 합니다. 그래서 '강건'이라는 꽃말과 잘 어울리지요?

구아바는 희고 꽃술이 많은 아름다운 꽃을 피우는, 하와이 등 열대 지역에서 재배되고 있는 상록관목입니다. 열대 지역에서는 구아바가 잡초처럼 무성하게 우거져 있지만, 추위에는 무척 약하다고 합니다. 따뜻한 실내에서 키우면 과일 또한 수확할 수 있으므로 조경으로도 큰 인기를 받고 있습니다. 구아바는 독특한 향기가 있고, 알맹이는 주스와 잼 등으로 큰 인기를 끌고, 잎 또한 타닌이 풍부해서 건강 차로도 마신답니다.

하와이에서 발견된 구아바 종은 모양이 조금 다른데, 눈에 띄게 잎이 크고 무스크 향이 강한 노란색 과일입니다.

60 x 60

바나나
Banana / Mai'a

바나나는 하와이의 전통식물로 알려져 있으며 섬 전체에 50종류가 야생으로 자랍니다. 천식이나 변비에 좋다고 알려져 있기도 하지요. 그런데 과거 하와이에서는 여성이 바나나를 먹을 수가 없었습니다. 바나나가 하와이 사람들에게 하와이 4대 신 중 하나인 카나로아의 키노라우, 즉 화신(化神)이었기 때문이죠. 그래서 많은 종류의 바나나가 있지만 여성은 고작 2종류만 먹을 수 있었고, 그 외의 금지된 바나나를 먹으면 사형당하기까지 했습니다. 이 규칙은 카메하메하 2세가 계율을 폐지 할 때까지 계속되었습니다. 또한, 바다 사냥을 나갈 때 바나나를 가지고 가면 불운이 닥친다는 설도 가지고 있습니다.
그래서 바나나가 하와이의 고유 식물인데도 전통 소품에는 모티브로 사용되지 않았다고 합니다.

60 x 60

쿠쿠이
Candle nut tree / Kukui

등불, 빛

영어로는 Candle nut tree, 촛불 열매 나무로도 불립니다.

그 이름대로 하와이 사람들은 쿠쿠이 열매에 불을 붙여 등불로 사용했고, 씨앗에서 추출한 기름은 돌로 만들어진 램프의 연료로 사용하기도 했답니다.

쿠쿠이는 용도도 참 다양합니다. 나무에서 나오는 수액은 카파천을 방수 처리하는 데 사용했고, 피부 질환 등에 치료용 연고로도 사용했다고 합니다. 타닌을 많이 함유한 껍질은 가죽이나 어망 등을 코팅하는 데 사용하고, 뿌리는 카누 페인트의 재료가 되었다고 하지요.

문화적인 역사, 그리고 다양한 용도 덕분인지 1959년 5월 1일부터 하와이의 '주 나무'로 지정되어 있는 나무이기도 합니다. 쿠쿠이 열매의 씨앗은 오일을 많이 함유하고 있어서 씨앗을 닦아 검은 광택을 낸 후 연결하여 아름다운 레이를 만들기도 합니다. 하와이의 상점 어디를 가든 쿠쿠이 오일이나 쿠쿠이 레이는 흔히 찾아볼 수 있습니다.

60 x 60

할라
Hala / Hala Pu hala

좋음과 나쁨

불운, 실패라는 의미가 있는가 하면 시작과 마지막이라는 의미도 있습니다. 그래서 하와이에선 입학과 졸업의 선물로 할라 레이를 만들어 주기도 합니다.

할라는 하와이를 포함한 태평양 섬에서 가장 활용도가 높은 식물 중의 하나입니다.

그중 할라나무에서도 가장 많이 사용되는 것은 잎 라우(lau)로, 라우할라를 엮어 모자, 베개, 바구니, 가방, 부채 등을 만들어 사용했다 합니다. 라우할라를 엮어 지붕을 얹기도 했는데, 최대 15년 이상 사용할 수 있었다고 하네요. 또한 라우할라는 코팅된 것처럼 매끈한 표면 덕분에 오염에도 강해서 과거에는 라우할라를 엮어서 매트로 사용했다고도 합니다. 하지만 현재는 기술을 가진 사람들이 점점 없어지고 젊은 사람들은 서양 물품에 더 익숙해져 라우할라 매트는 옛 전통으로 남았고, 이제는 개인의 수집품이나 박물관의 소장품으로만 남아 있습니다.

할라에도 인류 탄생과 관련된 전설이 전해지고 있어요. 아름다운 여신이 무엇인가 만들고 싶어 할라 잎을 채취하는 과정에서 손가락이 잘려나가고 말았습니다. 여신의 손가락에서 흘러나온 피는 한참을 멈추지 않았는데, 그 피가 굳어 두 개의 알이 되었고 그 알에서 태초의 아버지와 어머니가 태어났다고 하지요. 할라나무의 꽃은 수컷, 열매는 암컷으로 불리며 뿌리에서 추출한 약물은 임산부에게 좋다고 하니 조금은 믿을 만한가요?

60 x 60

야자수
Palm tree

승리

승리. 야자수의 독특한 나무 모양이 당당하게 느껴져서 일까요?

야자수는 세계에 3000종 이상이 분포되어 있고, 이웃 나라 일본도 7종이나 자생하고 있다 합니다. 우리나라는 제주도에서 볼 수 있죠.

야자수 중에서는 코코야자, 기름야자, 대추야자 등이 식용이나 섬유, 생활용품의 원료로 널리 이용되고 있는데, 그중에서도 코코야자의 열매에서 채취되는 코코넛 오일은 미용과 건강에 좋다고 해서 가장 인기를 끌고 있습니다. 토속 카레에 빠뜨릴 수 없는 코코넛 밀크도 그 중 하나죠.

야자수는 빠짐없이 거의 모든 부분이 다양한 용도로 사용되고 있어요. 나무는 집을 짓는 건축자재로, 잎은 지붕이나 물건을 담을 바구니로, 열매 안쪽은 밀크 주스나 즙을 내어 오일로 사용하고 열매껍질은 밧줄이나 활성탄으로 사용합니다.

야자수는 이렇게 어느 것 하나 버릴게 없네요.

60 x 60

타로
Talo

우리나라에서 벼농사를 짓는 것처럼 하와이에서도 논을 만들어 타로를 재배합니다. 타로는 그들의 생활에 없어서는 안 될 식물이죠.

사방이 바다로 둘러싸여 있고 진한 수풀이 우거진 낙원 하와이. 옛 하와이에 사는 주민들은 산해진미가 윤택하고 매일 한가로운 생활을 했을 것 같나요? 하지만 하와이의 낙원 이미지는 근대에 들어서야 만들어진 것이기에, 고대의 식생활 하고는 많은 차이가 있습니다. 기후 온난한 하와이지만 소박한 고대의 생활 속에서 음식을 얻기란 무척 힘든 일이었을 것입니다.

음식을 수확하려면 당연히 시간이 걸리고, 그 과정에 변덕스러운 날씨를 견뎌야 하며 가뭄이 계속되거나 해충으로 인해 수확을 못 거둘 때도 있었겠지요. 기술이 발달하지 않은 과거에 바다에서의 고기잡이 역시 그리 순탄하지 않았을 것이고, 고대 하와이의 식생활도 소박하고 음식은 소소했을 것입니다.

금 같은 음식을 가리켜 하와이어로 아이카(a'i ka)라고 합니다. 아이(a'i)는 음식, 카(ka)는 금을 의미하는데 하나님이 주신 신성한 음식이라는 뜻이지요.

아이(a'i)은 음식이라는 뜻이지만 하와이 주민들에게 없어서는 안 될 음식이 타로이므로 그 자체로 '타로'를 의미하기도 합니다.

150 x 150

망고
Mango

축제

망고 모티브의 의미는 정확히 알려져 있지는 않지만, 하와이의 영웅 카메하메하의 축제가 열리는 여름에 나는 과일이라 축제의 상징으로 붙인 이름이 아닌가 짐작해 봅니다.

또한 하와이 풍경에 빼놓을 수 없는 과일이기도 하지요. 망고 과일은 생으로 먹거나 피클, 말린 과일, 망고 버터 등 가공해서도 먹습니다. 망고 나무는 밝은 금발색을 띠어서 그릇이나 고급가구를 만드는데 사용되기도 합니다.

단, 망고는 옻나무과이기 때문에 사람에 따라 피부에 닿으면 피부염을 일으킬 수 있으니 주의해야 합니다.

60 x 60

돌고래
Dolphin / Nai'a

축제

하와이에선 고래를 조상님의 영혼이나 아우마쿠아(Aumakua)라고 믿는다 합니다.
아우마쿠아(Aumakua)란 하와이 원주민들이 가족이나 조상들이 신이 되었다고 믿으며 수호신으로 섬겼던 자연 숭배 사상의 일종입니다. 고래들은 출산을 위해 초봄, 따뜻한 하와이에 온다고 하죠! 떼를 지어 오는 고래의 꼬리는 좀처럼 볼 수 없는데, 혹시라도 보게 된다면 큰 행운이 찾아온다고 합니다.

230 x 230

바다거북
tutle / honu

축제

바다거북은 하와이어로 호누(honu)라 합니다.
바다의 수호신 호누는 어부와 해변의 사람들을 바다의 위험으로부터 보호하며, 파도에 행운을 실어 가져 다준다고 합니다. 특히 호누가 있는 곳은 상어가 없어서 하와이 사람들은 바다 거북이 모티브를 부적이나 호신용으로 착용한다고 하지요. 위험과 재앙으로부터 지켜주는 바다 거북이는 퀼트에서도 최고의 모티브로 인기를 얻고 있으니 아이와 가족을 위한 퀼트에 사용해 보시면 좋을 것 같네요.

60 x 60

파인애플
Pineapple
환영, 대지의 은혜

하와이에 첫 발을 내딛었을 때 가장 먼저 보이는 것은 아마 파인애플일 거예요. 파인애플은 햇빛을 받아 하와이의 자연에 풍부하게 자라나지요. 이를 대지의 은혜로 생각해서 꾸준히 사랑받는 모티브이기도 합니다. 간판이나 조형물로도 많이 사용되지요.

뿐만 아니라 부유함, 번영, 소원 성취 등의 의미를 담고 있어서 예술적 모티브로도 큰 인기를 얻고 있지요. 그래서인지 하와이안 퀼트에 입문할 때 빵나무와 함께 가장 인기있는 모티브이기도 합니다.

60 x 60

하와이의 8개 섬과 상징꽃

• 카우아이Kaua'i 섬

하와이 최북단에 위치한 가장 오래된 섬입니다. 카우아이 섬은 리후에를 중심에 두고 있으며, 리후에는 하와이 어로 차가운 공기를 의미합니다.

카우아이 섬의 꽃은 모키하나Mokihana입니다.

• 오아후O'ahu 섬

오아후 섬은 수도 호놀룰루를 중심으로 약 90만 명의 인구가 살고 있습니다. 호놀룰루는 하와이 어로 조용한 바다를 의미합니다.

오아후의 꽃은 이루마Iluma입니다.

• 몰로카이Moloka'i 섬

몰로카이 섬은 때묻지 않은 섬이라 불릴 만큼 원주민의 옛 문화가 뿌리 깊게 보전되어 내려오고 있습니다. 하와이에서 가장 개발되지 않은 자연 그대로를 볼 수 있는 섬이지요. 몰로카이 섬은 카우나카카이를 중심에 두고 약 7천 5백 명의 인구가 살고 있으며, 카우나카카이는 하와이 어로 모래 부두를 의미한답니다.

몰로카이 섬의 꽃은 쿠쿠이Kukui입니다.

• 라나이Lana'i 섬

라니아 섬은 라니아시티를 중심에 두고 약 3천 2백 명의 인구가 살고 있습니다.
라니아시티는 하와이 어로 정복의 날을 의미합니다. 라니아 섬은 파인애플 섬이라는 별칭이 있을 만큼 파인애플을 가장 많이 재배하고 있답니다.

라나이 섬의 꽃은 카우나 오아kauna'oa입니다

• 하와이Hawaii' 섬

하와이 섬은 빅 아일랜드로도 불리는데, 힐로를 중심으로 약 17만 5천명의 인구가 살고 있습니다. 힐로는 하와이 어로 뜨개질, 밧줄을 의미합니다.

하와이 섬의 꽃은 오히아 레후아Ohia lehua입니다.

• 마우이Maui 섬

마우이 섬은 매직 아일랜드라 불리기도 합니다. 하와이 제도에서 두 번째로 큰 마우이 섬은 와이루쿠를 중심으로 약 14만 명의 인구가 살고 있습니다. 와이루쿠는 하와이 어로 파괴의 물을 의미합니다.

마우이 섬의 꽃은 로케라니Loke'lani입니다.

하와이어로 알아보는 8개 섬의 색깔

하와이 8개 섬에는 각각 상징하는 색이 있습니다. 각 섬의 색을 알려드릴게요.

섬	상징하는 색	명칭
하와이 섬	빨강	'ula'ula
라나이 섬	주황	'alani
마우이 섬	분홍	'akala
오하우 섬	노랑	melemele lena
니이하우 섬	검정	'ele'ele
카우아이 섬	보라	pon
몰로카이 섬	녹색	ma'o 'oma'o
카호오라웨 섬	회색	hinahina

또 하와이 어에서는 마치 우리나라에서 노란색이 노르스름한 색, 누런 색 등으로 다양하게 쓰이는 것처럼 같은 색이더라도 색 농도에 따라, 그리고 대상에 따라 말이 다른 경우가 있습니다.

흰색은 ke'oke'o지만, 지명에 사용되는 흰색 Kea라고 하지요. 하와이 섬의 마우나 케아 또한 겨울에 눈이 쌓인 산 정상이 희다하여 산(Mauna)+흰색(Kea)이 합쳐진 Mauna Kea 라는 이름이 붙여졌답니다.

파란색도 자연의 바다와 산을 표현할 때는 uliuli를, 사람의 눈동자의 색이나 옷 색깔의 파란색을 지칭할 때는 polu을 사용하지요.

같이 만들어 가는
따뜻한 이야기

3장

3장

같이 만들어 가는 따뜻한 이야기

요즘 SNS에 올라오는 집들을 보면 아기자기 심플하고도 예쁘게 꾸며놓고 사는 것을 볼 수 있죠.
그런데 실제 살다보면 따라 하고 싶어도 안 되는 것 같습니다. 집안 살림은 점점 늘어나고 모든 분위기는 점점 촌스러워지고, 심플함은 그 어디에서도 찾아보기 힘들어집니다. 손님이라도 오는 날이면 어디서부터 정돈해야 하는지 참 암담할 때도 있지만 그럴 때 직접 손으로 만든 퀼트 소품 몇 개면 우리 집 분위기가 확 살아나요.
사랑스러운 쿠션 하나만 있어도 직접 만든 것이라 왠지 어깨가 으쓱!
이게 바로 살아가며 느낄 수 있는 작은 행복이 아닐까, 싶습니다. 아기자기한 사랑스러운 소품, 같이 만들어봐요.

1) 나는 너를 사랑해 Aloha wau i'oe

 **침대커버**

사이즈 : 220 X 220 (cm)

정성 들여 만들어 놓은 침대 커버는 그 어떤 명품보다도 사랑스럽기 그지없습니다. 가끔 퀼트 이불로 분위기를 바꿔 보면 우리 집 남자, 아까워서 침대에 올라오지도 못해요. 그냥 아내가 만든 이불을 보고 마냥 행복한 미소를 짓고 있을 뿐이죠. 그런 남편 모습을 보며, 참 잘했다, 참 예쁘다! 나를 칭찬해 줍니다.

[준비물 (cm)]

바탕 원단 230*230 1장 / 모티브 원단 220*220 1장 / 부드러운 폴리 솜 7온스 230*230 1장
뒷지용 프린트 원단 230*230 1장 / 바이어스 9m

침대커버 만들기

❶ 바탕 원단과 아플리케할 모티브 원단, 두 장을 8분의 1로 접어서 다림질합니다.
❷ 부직포에 그린 디자인 패턴을 모티브 천의 중심에 맞추고, 시침 바늘로 고정합니다.
❸ 재단 가위로 라인 선을 따라가며 자릅니다.
❹ 재단한 모티브 원단에서 패턴의 본을 제거합니다.
❺ 바탕천을 펴서 그 위에 ❹에서 완성된 모티브를 중심이 어긋나지 않게 올려놓고, 시침 바늘로 시침합니다.
TIP ▶ 꼭 중심을 먼저 고정하고, 패턴에서 약 2cm 안쪽으로 시침합니다.
❻ 중심에 가까운 곳부터 아플리케를 시작합니다. 시접은 대략 2~3mm 정도로 잡으면 됩니다.
TIP ▶ 산이나 계곡 부분은 특히 꼼꼼하고 조심스럽게 아플리케 합니다.
❼ 아플리케가 끝나면 뒷지 – 솜 – 아플리케한 탑(❼)을 순서대로 어긋나지 않게 올려놓고, 고정을 위해 시침합니다.
❽ 중심에 후프를 끼우고, 1.5cm 간격으로 퀼팅을 시작합니다.
❾ 모티브 안쪽을 먼저 퀼팅하고 그 다음에 누름 퀼트를, 마지막으로 에코 퀼트의 순서로 퀼팅합니다.
❿ 중심이 끝나면 위로 후프를 옮겨 시계 방향으로 돌아가면서 퀼팅합니다.
⓫ 모든 퀼트가 끝나면 주위를 바이어스로 마무리합니다.
TIP ▶ 마지막으로 뒤에 [완성 연월일, 이름]을 명시해 두면 좋습니다.

220 x 220

1) 나는 너를 사랑해 Aloha wau i'oe

실내화

사이즈 : 230 (mm)

[준비물 (cm)]

하와이안 프린트 원단 30*15 2장 / 모티브 원단 노란색 10*10 2장 (초록색 조금)
바닥용 린넨 프린트 원단 30*15 2장 / 압축솜 4온스 30*30 / 바이어스 60cm

실내화 만들기

❶ 도안 바닥을 앞, 뒤로 2장 부직포에 옮겨 그린 후 프린트 원단 - 솜 - 린넨 프린트 원단을 놓고 바둑판 모양으로 퀼팅하여 양쪽 바닥을 만들어 줍니다.

❷ 원단 위에 패턴을 그리고 모티브를 올려 아플리케, 혹은 역 아플리케를 한 다음, 퀼팅하고 앞과 뒷면을 바이어스로 감싸 슬리퍼 윗부분을 만듭니다.

❸ 바닥에 날개를 중심에 맞춰 고정시키고 바이어스로 감싸줍니다.

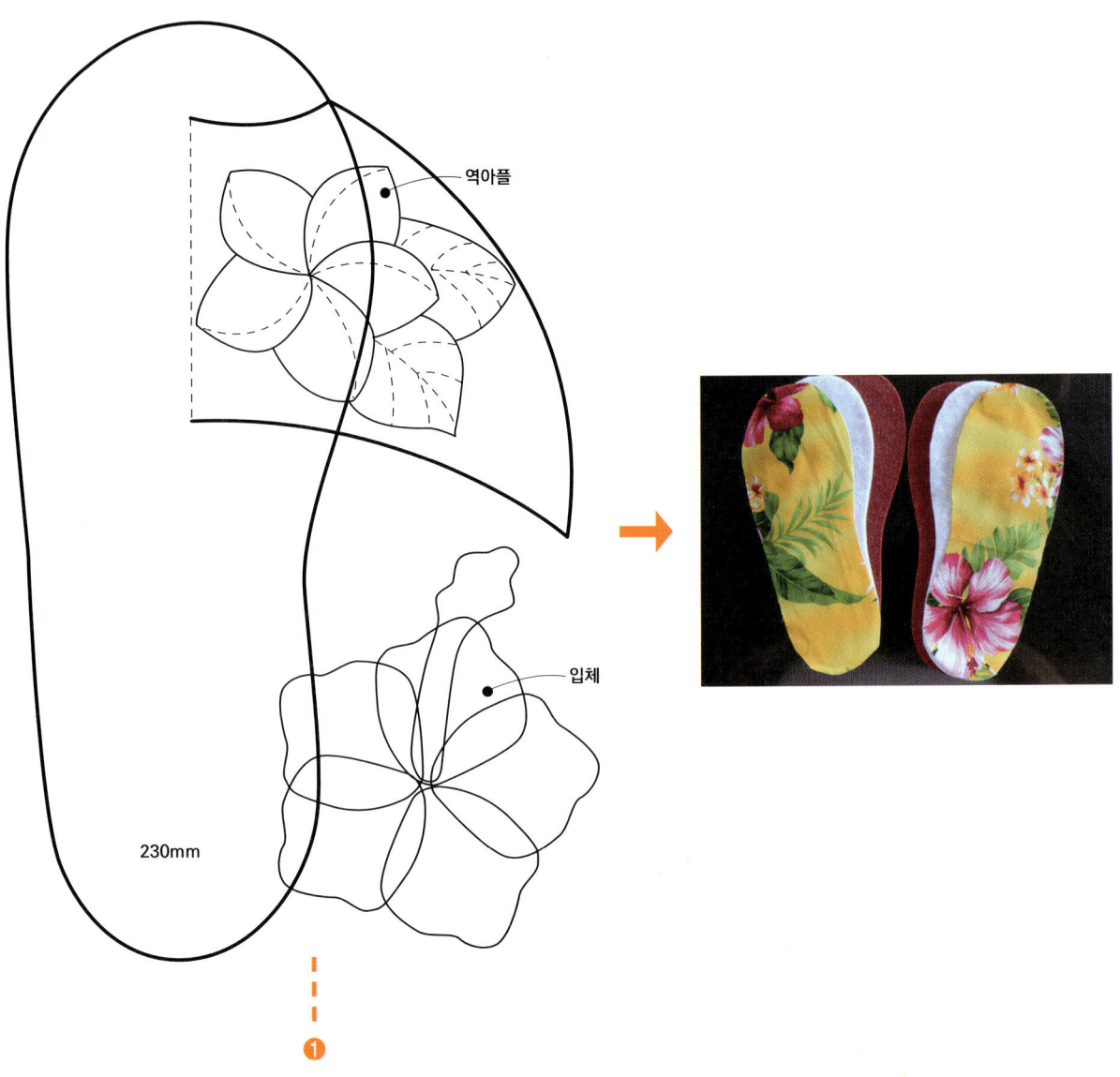

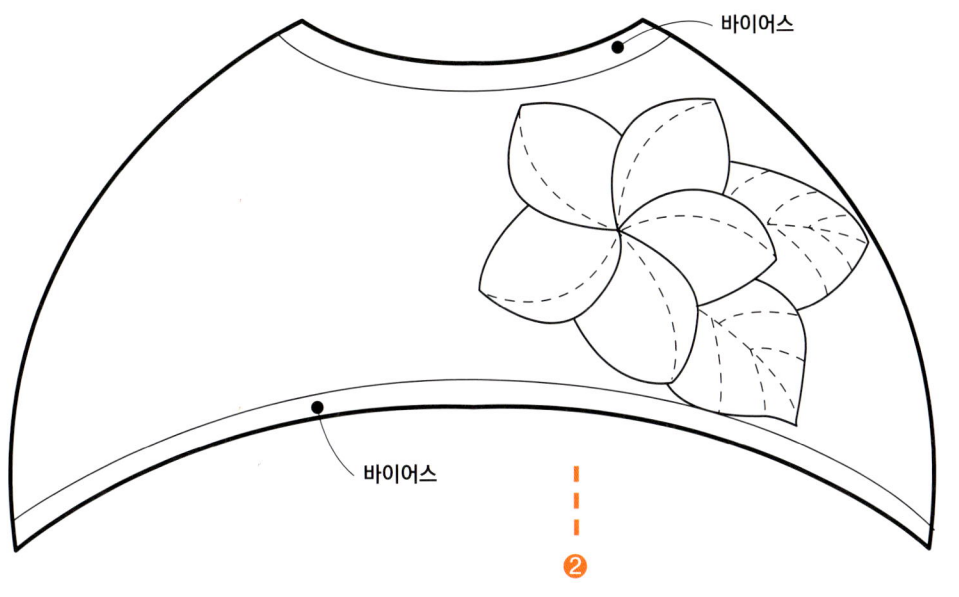
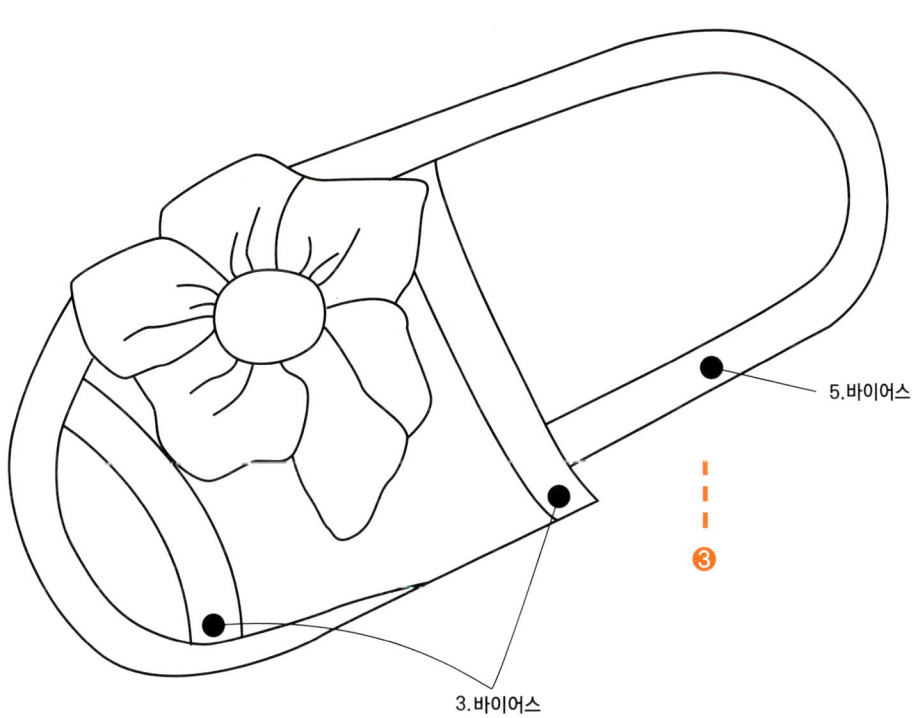

1) 나는 너를 사랑해 Aloha wau i'oe

미니쿠션

사이즈 : 25 X 25 (cm)

[준비물 (cm)]

바탕 원단 30*30 1장 / 모티브 원단 25*25 1장 / 퀼팅 솜 5온스 30*30 1장
속지 30*30 1장 / 뒷감용 프린트 원단 30*50 1장

미 니 쿠 션 만 들 기

❶ 바탕 원단, 모티브 원단 2장을 8분의 1로 접어 다림질합니다.

❷ 모티브가 되는 탑 아플리케용 원단에 패턴을 그리고, 패턴 선을 따라 재단합니다.

❸ 8분의 1로 접은 원단을 펴서 바탕 원단과 중심을 잘 맞추어 시침합니다.

❹ 바늘 끝으로 시접을 안쪽으로 집어 넣어가며 바느질합니다.

❺ 아플리케를 끝낸 후 속감 원단 – 퀼팅 솜 – ❹에서 완성한 탑을 순서대로 올려놓고 시침합니다.

❻ 시침 후 수틀에 끼워 중앙부터 퀼팅라인을 따라 퀼팅합니다.

❼ 가장자리를 사이즈에 맞게 깔끔하게 오려 정리합니다.

❽ 프린트 원단을 반으로 자르고, 입구가 될 한 쪽 부분을 1cm정도로 두 번 접어 홈질합니다.

❾ 정리된 본체를 겉이 보이도록 놓고, 뒤집은 프린트 원단을 가운데 부분이 겹치도록 놓은 뒤 가장자리를 박음질합니다.

❿ 뒤집어 사이즈에 맞는 솜을 넣어 마무리합니다.

25 x 25

2) 우리 집 식탁 'O ko'u papa'aina

오늘은 뭘 먹지, 주부의 가장 큰 고민일 거예요.
살다 보면 밥하기 싫을 때 참 많죠? 그럴 때마다 간단하게 만들어 한 끼 때우고 싶지만, 한편 가족들에게 미안해지기도 합니다. 그렇다면 음식 대신 분위기로 그 미안함을 대신하면 어떨까요?
스팸 무스비 하나를 놓더라도 내가 만든 사랑스러운 소품으로 분위기만 돋우면 최고의 식탁이 될 거예요. 요리하기 싫다면 오늘 한번 열어보세요, 미니 파티!

코스터

사이즈 : 사각 15 X 15 (cm), 원 반지름 6cm

[준비물 (cm)]

무지 원단 2가지 색 15*15 각 1장 / 프린트 원단 15*15 1장
압축 솜 3온스 15*15 1장 / 속지 15*15 1장 / 바이어스 40cm

코스터 만들기

❶ 모티브를 원단 위에 그려 놓고 컷팅 합니다.
❷ 컷팅한 모티브를 바탕 원단 위에 올려놓고 움직이지 않도록 고정한 다음 아플리케 합니다.
❸ 속지 – 솜 – 아플리케한 탑을 순서대로 올려놓고 퀼팅을 합니다.
❹ ❸에 원을 그린 다음 가장자리를 시침합니다.
TIP ▶ 원을 그릴 때는 못 쓰는 CD 등을 활용하면 좋습니다.
❺ 바이어스로 돌려 마무리 합니다.

도안은 188P에서 확인하세요.

2) 우리 집 식탁 'O ko'u papa'aina

테이블 러너

사이즈 : 65 X 110 (cm)

[준비물 (cm)]

바탕 원단 70*120 1장 / 탑 아플리케용 원단 65*110 1장 / 뒷감용 프린트 원단 70*120 1장
폴리솜 4온스 70*120 1장 / 바이어스 원단 3m70cm

테이블 러너 만들기

❶ 바탕 원단, 아플리케용 원단 2장을 4분의 1로 접어 다림질 합니다.
❷ 모티브가 되는 탑 아플리케용 원단에 패턴을 그리고, 패턴 선을 따라 재단합니다.
❸ 4분의 1로 접은 원단을 펴서 바탕 원단과 중심을 잘 맞추어 시침합니다.
❹ 바늘 끝으로 시접을 안쪽으로 집어 넣어가며 바느질합니다.
❺ 아플리케를 끝낸 후 뒷감 원단 - 폴리솜 - 탑 순서대로 올려놓고 시침합니다.
❻ 시침 후 수틀에 끼워 중앙부터 퀼팅 라인을 따라 퀼팅합니다.
❼ 가장자리를 정리하고 바이어스로 마무리합니다.

65 x 110

2) 우리 집 식탁 'O ko'u papa'aina

테이블 매트

사이즈 : 30 X 30 (cm)

[준비물 (cm)]

2종류의 원단 16*16 2장씩 총 4개 / 바탕 원단 16*16 4장
퀼팅솜 3온스 16*16 / 뒷지 16*16 / 바이어스 1.5*130

테이블 매트 만들기

❶ 15*15의 원단 두 장을 겹쳐놓고 모티브를 시침해서 역 아플리케 합니다.
❷ 4장을 만들어 바둑판 모양으로 연결한 다음, 솜과 뒷지를 대고 퀼팅합니다.
❸ 가장자리를 다듬고 바이어스로 감싸줍니다.

15 x 15

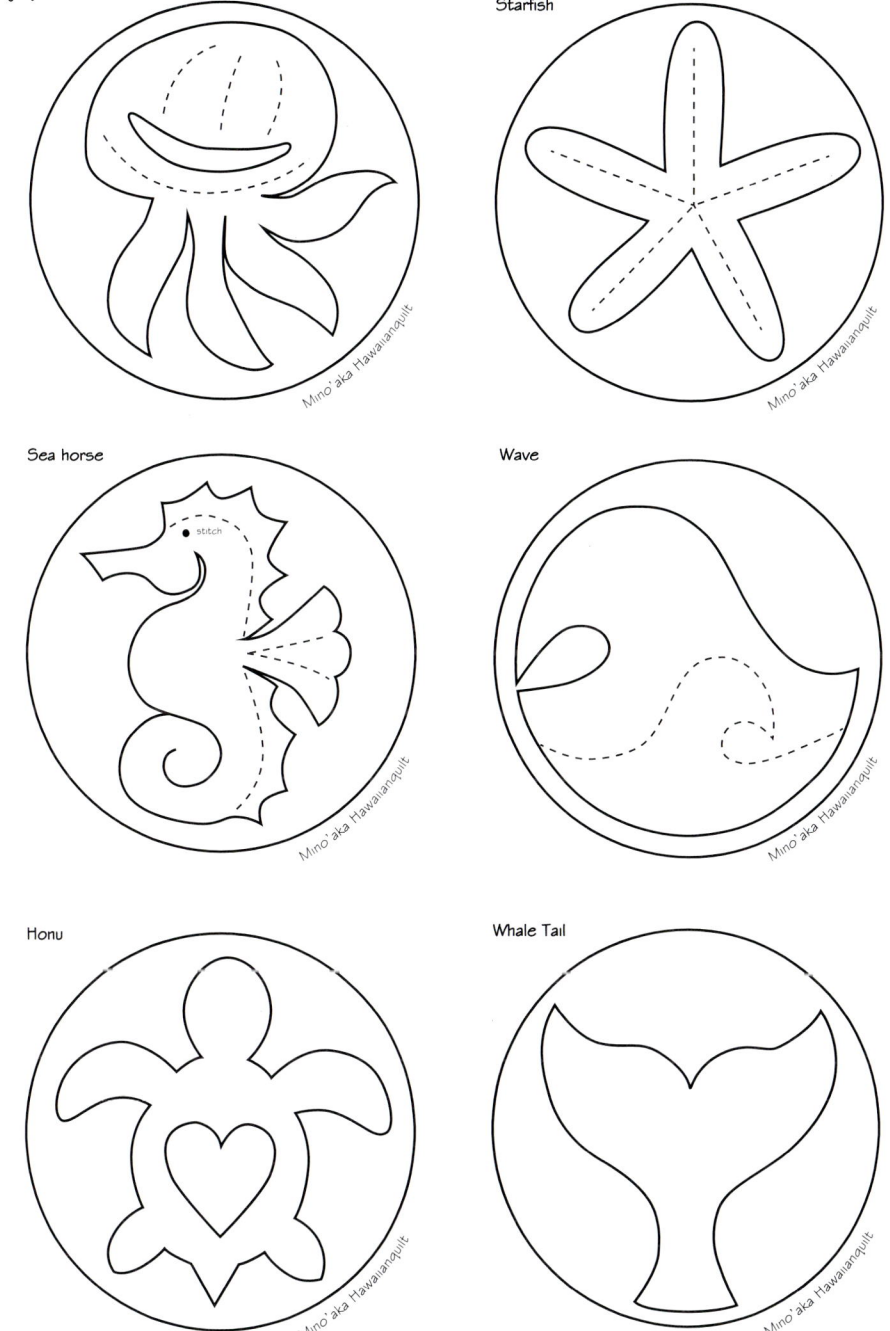

2) 우리 집 식탁 'O ko'u papa'aina

 티슈 커버

사이즈 : 24 X 11 X 9 (cm)

[준비물 (cm)]

바탕 원단 50*50 1장 / 모티브 원단 30*50 1장 / 프린트 원단 50*50 1장
퀼팅 솜 3온스 50*50 1장 / 바이어스 130cm / 똑딱 단추 4세트

티슈 커버 만들기

❶ 모티브 원단에 디자인을 옮겨 그립니다.
TIP ▶ 유리를 이용해 그리면 수월합니다.
❷ 모티브 원단 위에 바탕 원단을 겹치고, 뒤쪽에서 디자인 모양을 따라 시침질합니다.
❸ 바탕 원단 위로 보이는 시침선을 조금씩 오려가며 양쪽으로 아플리케합니다.
❹ 프린트 원단 - 솜 - 아플리케한 탑을 순서대로 놓고 가장자리를 시침한 후 퀼팅합니다.
❺ 옆면은 프린트 원단, 바탕 원단, 솜을 놓고 창구멍을 남긴 채 박음질 한 뒤, 뒤집어서 창구멍을 마무리합니다.
❻ 퀼팅 선을 따라 퀼팅한 다음, 가장자리는 반 박음질로 마무리한 뒤 본체와 연결합니다.
❼ 도안에 표시된 곳에 똑딱 단추를 윗면, 옆면의 여밈 방향이 서로 엇갈리게 달아줍니다.

- - - ❼

 ## 3) 사랑을 담아 Aloha au ia'oe

〈 Aloha 파우치 3종 세트 〉

파우치는 여행 갈 때나 외출할 때, 어디서나 편하게 사용하는 나만의 명품이라고 할 수 있지요. 하나쯤 가져 보는 것은 어떤가요? 한 땀 한 땀 내 손으로 만든 파우치는 자신감이 되어줄 거예요. 어느 장소에서든 화려한 모양의 하와이안 파우치로 나를 표현해 보세요.

몬스테라 파우치

사이즈 : 21 X 15.5 X 7 (cm)

[준비물 (cm)]

바탕 원단 32*45 1장 / 모티브 원단 20*20, 25*10 각 1장 / 프린트 원단 32*45 1장
안감 32*45 1장 / 압축솜 3-4온스 35*45 1장 / 지퍼 30cm

몬스테라 파우치 만들기

❶ 파우치 도안을 바탕 원단에 그립니다.
TIP ▶ 도안을 시침으로 표시하면 지워지지 않아 편하게 작업할 수 있습니다.
❷ 모티브를 ❶의 바탕 원단에 그려놓고, 선을 따라 시침해 줍니다.
TIP ▶ 원단에 바로 그리기가 어려울 땐 라이트박스나 유리를 이용하여 그리면 편리합니다.
❸ 모티브를 역아플리케 합니다.
❹ 안감 – 솜 – ❸에서 완성한 탑을 순서대로 놓고 사방을 시침한 후, 퀼팅을 합니다.
❺ ❶에서 그려놓은 도안에 시접을 남기고 가장자리를 정리합니다.
❻ 프린트 원단과 마주보게 한 다음 창구멍을 남기고 온박음질 합니다.
❼ 뒤집어 창구멍을 공그르기로 마무리 합니다.
❽ 옆면은 밑에서 위로 8cm끼지만 이어주고, 윗부분은 모양대로 반박음질 합니다.
❾ 지퍼를 달아 마무리 합니다.

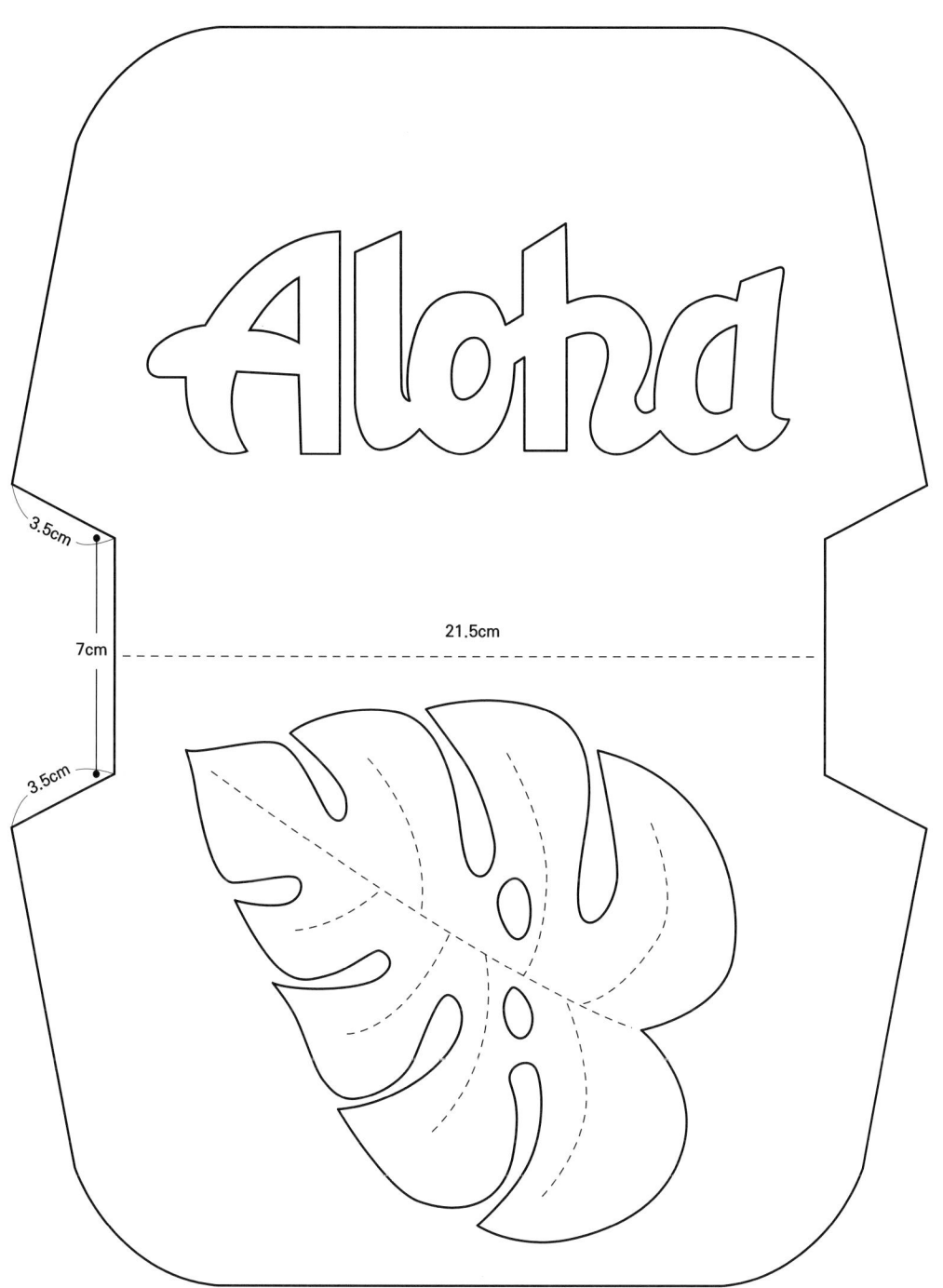

3) 사랑을 담아 Aloha au ia'oe

 휠 파우치

사이즈 : 28 X 15 X 12 (cm)

[준비물 (cm)]

바탕 원단 35*50 1장 / 모티브 원단 2종류 15*15 각 2장 / 모티브 원단 2종류 15*15 각 2장 / 프린트 원단 35*50 1장
압축 솜 35*50 1장 / 사다리꼴 와이어 휠 프레임 14.5-18cm 1쌍 / 지퍼 30cm / 싸개 단추 4개

휠 파 우 치 만 들 기

※ **시접이 포함되어 있지 않습니다.**

❶ 바탕 원단에 28*46 사이즈의 선을 표시합니다.

❷ 모티브의 도안을 옮겨 그린 후, 아플리케 합니다.

❸ 뒷지 – 솜 – 아플리케 한 원단을 차례로 놓고 사방을 시침한 후 퀼팅합니다.

❹ 상부 4cm를 남겨두고 양쪽 옆면을 이어줍니다.

❺ 상부 4cm는 시접을 양쪽으로 갈라 접어서 각각 촘촘하게 감침질합니다.

❻ 휠이 들어갈 통로가 생기도록 상부 2cm를 접어 촘촘하게 감침질합니다.

❼ 폭 12cm의 바닥을 만듭니다.

❽ 지퍼를 달아줍니다.

❾ 안감을 만들어 달아줍니다.

❿ 휠을 끼우고, 양 입구를 공그르기로 막아줍니다.

⓫ 지퍼의 양 끝을 싸개단추로 마무리하면 완성입니다.

3) 사랑을 담아 Aloha au ia'oe

 티슈 파우치

사이즈 : 22 X 15 X 5 (cm)

[준비물 (cm)]

스트라이프 원단 25*20 1장 / 녹색 바탕 원단 25*20, 25*15 각 1장 / 미색 바탕 원단 15*15 1장
안감용 스트라이프 원단 25*40 1장 / 안주머니 1장 / 흰색 뒷지 25*25 2장
압축솜 3-4온스 25*25 2장 / 녹색 바이어스 50*4 / 지퍼 25cm 1개

티슈 파우치 만들기

상부

❶ 녹색 바탕 원단에 22*10의 선을 표시후, 모티브를 역아플리케 합니다.

❷ 뒷지 – 솜 – 아플리케한 탑을 순서대로 놓고 사방을 시침한 뒤 퀼팅을 합니다.

❸ 하단에만 바이어스(1cm)를 합니다.

하부

❹ 스트라이프 원단에 22*8.5의 선을 표시합니다.

❺ 뒷지 – 솜 – 스트라이프 원단을 순서대로 놓고 사방을 시침한 뒤 퀼팅 합니다.

❻ 상단에만 바이어스(1cm)를 합니다.

휴지케이스

❼ 상/하부의 바이어스끼리 겹치게 놓고, 안감을 대고 사방을 시침질합니다.

파우치

❽ 녹색 바탕 원단에 22*17.5의 선을 표시합니다.

❾ 적당한 곳에 모티브의 도안을 옮겨 그린 후, 그 아래에 미색 원단(15*15)를 놓고 아플리케합니다.

❿ 뒷지 – 솜 – 아플리케 한 원단을 순서대로 놓고 사방을 시침한 후, 퀼팅합니다.

⓫ 휴지케이스와 파우치의 옆면과 밑면을 이어주고, 바닥(5cm)을 만들어 줍니다.

⓬ 바이어스(1cm)를 달아줍니다.

⓭ 지퍼를 달아줍니다.

⓮ 주머니를 단 안감을 넣어 공그르기로 이어줍니다.

3) 사랑을 담아 Aloha au ia'oe

클러치

사이즈 : 32 X 24 (cm)

세련된 모양의 클러치를 들고 나가는 순간 모든 시선이 집중될 거예요. 예쁜 옷을 안 입어도 그리 화려한 화장을 하지 않아도 내 손에 직접 만든 클러치 하나 들고 있으면 이보다 더 좋은 악세사리는 없습니다. Aloha~

[준비물 (cm)]

바탕 인조 가죽 원단 35*90 1장 / 모티브 원단 2가지색 35*30 각 1장 / 안감 프린트 원단 35*50 1장
퀼팅 속지 35*60 1장 / 파이핑 30cm 2개

클러치 만들기

❶ 부직포에 디자인을 옮겨 그립니다.
❷ 바닥에 모티브 원단 – 인조 가죽 원단 – ❶의 부직포를 순서대로 놓고 디자인을 따라 시침합니다.
❸ 모티브 원단 쪽부터 시침한 선을 조금씩 오려가며 역 아플리케합니다.
TIP ▶ 모티브만 아플리케하고 바닥 원단은 제거합니다.
❹ 속지 – 솜 – 탑을 순서대로 놓고 가장자리를 시침한 후 퀼팅합니다.
❺ 남은 원단으로 파이핑을 만들어 옆면을 연결합니다.
❻ 뒤집어 입구 5cm을 안으로 접어 넣고 핀으로 고정합니다.
❼ 지퍼를 달아줍니다.
❽ 안간도 ❶~❻까지의 방법으로 만들되, 양 옆을 0.5cm 작게 합니다.
❾ 본체를 안감 안에 넣고 지퍼 밑에 공그르기로 연결합니다.
❿ 열리는 곳은 여유를 주고, 닫는 곳은 안감 안에 넣고 마무리합니다.

32 x 49

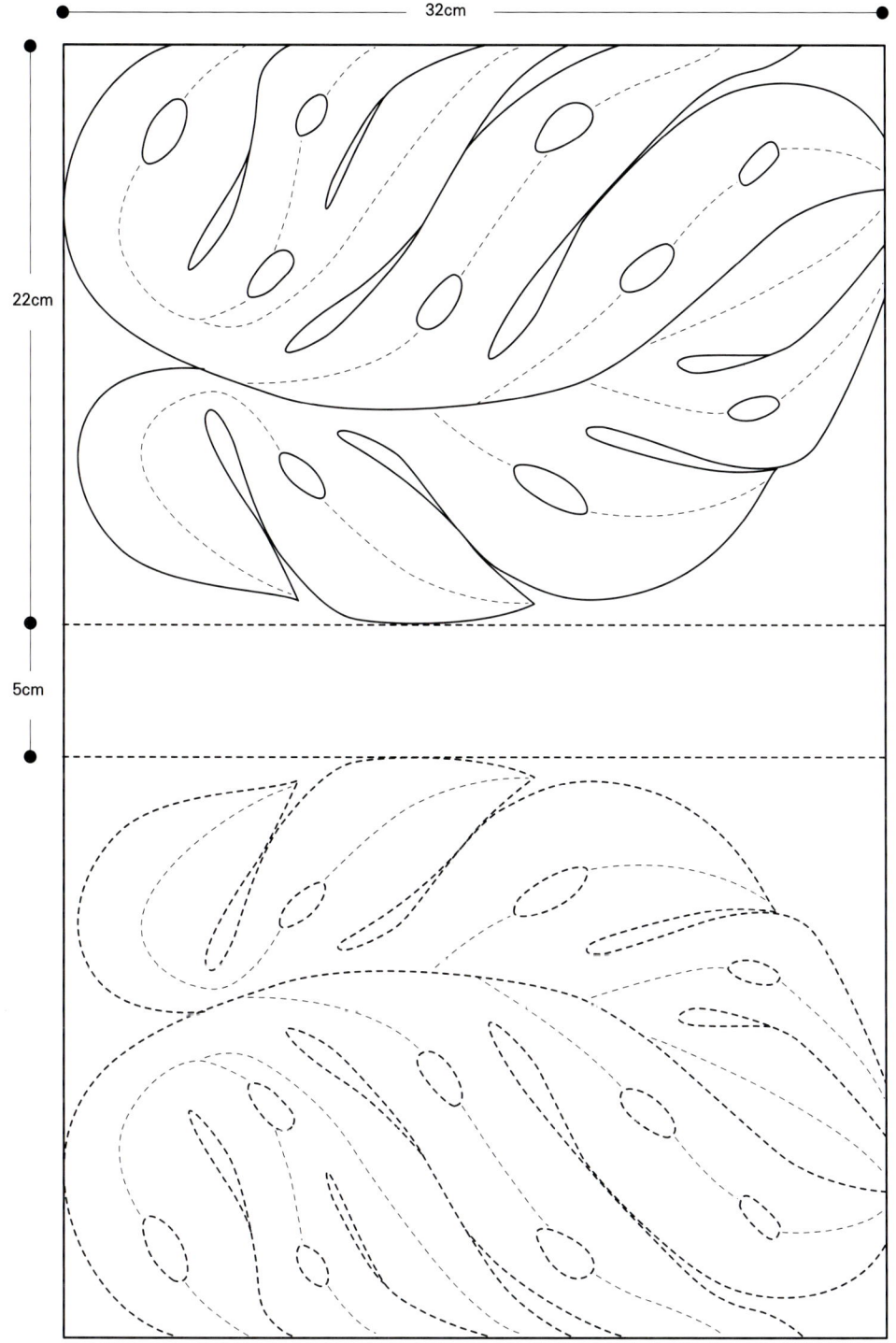

157

3) 사랑을 담아 Aloha au ia'oe

화장품 케이스

사이즈 : 26 X 32 X 6 (cm)

예쁜 카페에 앉아 있을 때면 짐짓 화장품 케이스를 테이블 위에 올려놓아 봅니다. 이건 세상 어디에도 없는 저만의 것이거든요. 밖을 돌아다니다보면 케이스 안이 뒤죽박죽되기 마련이니, 한눈에 무엇이 있는지 알기 쉽도록 만들어봅니다.

[준비물 (cm)]

바탕 원단 40*35 1장 / 모티브 원단 30*30 1장 / 프린트 원단 27*5 2장 / 지퍼 30cm 2개, 50cm 1개
투명 비닐 27*27 1장 / 압축 솜 4온스 40*35cm / 퀼팅 속지 40*35

화장품 케이스 만들기

❶ 모티브를 그림과 같이 바탕 원단에 올려놓고 아플리케 합니다.

❷ 탑 – 압축 솜 – 속지를 차례로 놓고 가장자리를 시침한 뒤 퀼팅합니다.

❸ 퀼팅이 끝나면 밑판에만 시접을 주고, 나머지 가장자리는 시접 없이 정돈합니다.

TIP ▶ 가장자리를 한 번 더 시침해주면 마무리하기에 편리합니다.

❹ 밑판을 온 박음질로 연결해 줍니다.

❺ 안, 포켓을 만듭니다.

❻ 양쪽 모두의 프린트 원단(2.5cm) – 지퍼 – 비닐 – 지퍼 – 프린트 원단을 차례로 연결하고, 가장자리를 도안 사이즈대로 정돈합니다.

❼ 본체 날개를 펴서 본체 – 프린트 원단 – 포켓을 놓고 중심을 맞추어 핀으로 고정한 다음 움직이지 않게 한 번 더 시침해 줍니다.

❽ 바깥쪽만 바이어스를 먼저 연결한 다음 지퍼를 달고 그 위를 바이어스로 감싸 마무리합니다.

❾ 중심을 반 박음질해 줍니다.

▼
26 x 32

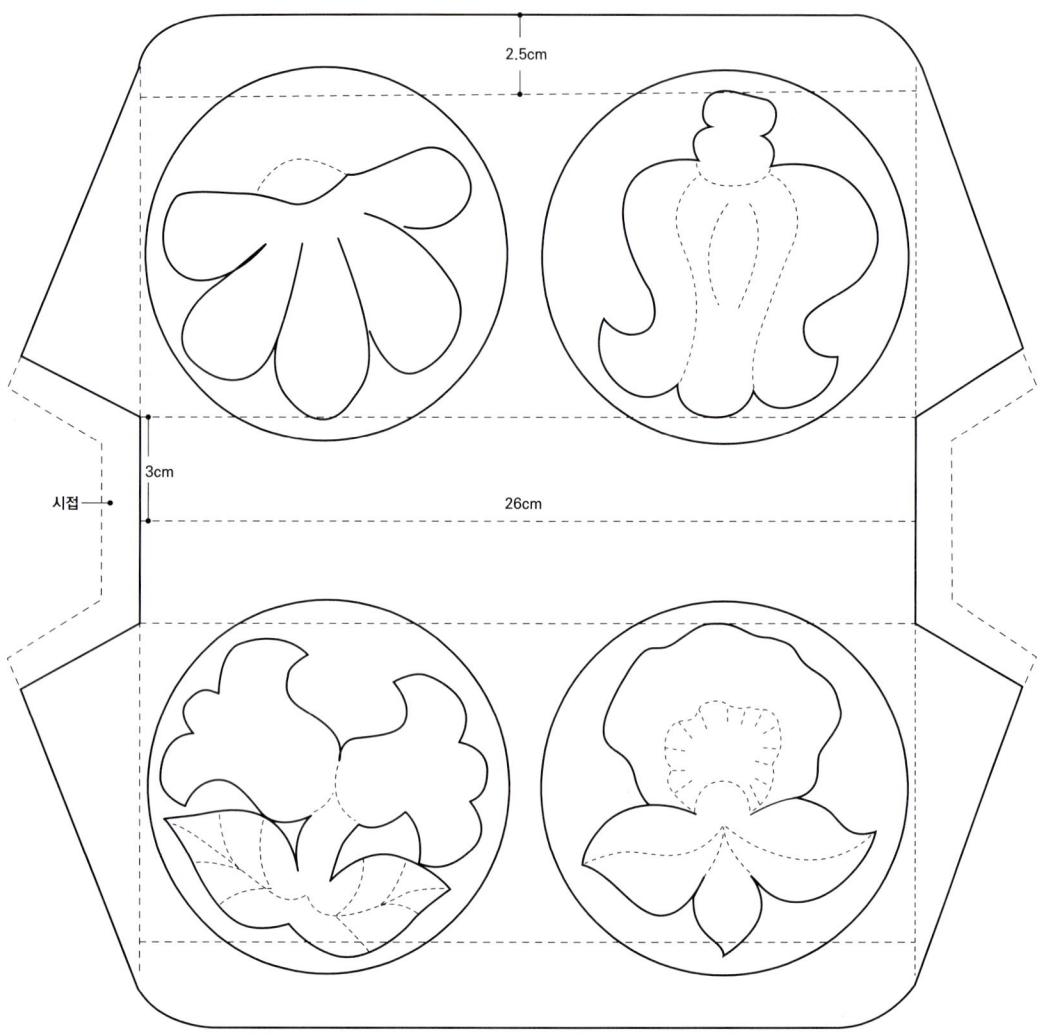

▼
26 x 32

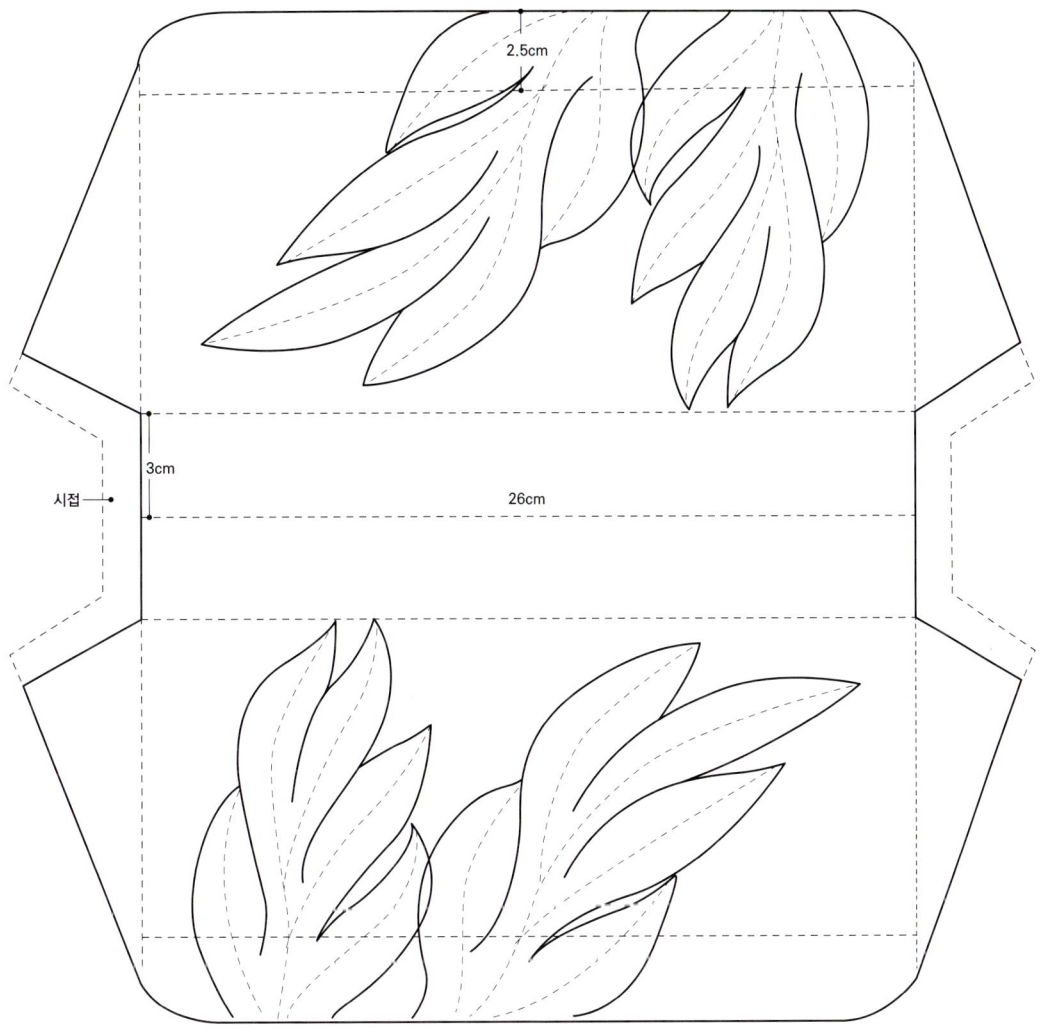

3) 사랑을 담아 Aloha au ia'oe

 ## 바느질 케이스

사이즈 : 30 X 22 (cm)

저에게 가장 소중한 게 무엇이냐 묻는다면 당연히 바느질 케이스입니다. 이 책을 보시는 여러분들도 바느질을 사랑하는 분들이겠지요. 바느질하는 사람들에게 한 번에 모든 도구를 정리해서 들고 다니는 케이스는 꼭 있어야 할 소품일 겁니다. 케이스 패턴에 하와이의 따뜻한 기운이 넘실넘실, 바느질도 두 배는 더 행복해질 거예요.

[준비물 (cm)]

겉감용 염색 원단 80*100 1장 / 안감용 프린트 원단 80*100 1장 / 퀼팅솜 35*55 3-4온스 / 바이어스 140cm
접착 심지 29*35 / 지퍼 20cm / 장식 단추 3개 / 고무줄 스트링 55cm
자수실 / 오시도리 면끈 90~100cm / 펠트 16*18

바느질 케이스 만들기

몸체 만들기

❶ 각각의 도안에 맞게 재단해둡니다.

**TIP ▶ 재단 방법 : 원단은 사방 1cm의 시접을 따로 줍니다.
점선은 골선 표시이며, 원단을 반으로 접어서 재단합니다.
접착 심지는 시접 없이 재단합니다.**

❷ 겉감에 도안을 옮겨 그린 뒤 모티브 원단을 아래에 겹쳐놓고 시침합니다.

❸ 겉감을 디자인에 따라 안쪽을 잘라내며 아플리케 해줍니다.

❹ 아플리케된 탑과 재단해 놓은 패치 원단을 차례로 이어줍니다.

❺ 뒤집은 안감 – 퀼팅 솜 – 탑 순으로 놓고 시침한 후 퀼팅합니다.

❻ 패치가 연결된 부분을 수실 두 겹으로 스티치해줍니다.

❼ 지퍼 포켓의 모티브 부분은 ❸과 같은 방법으로 아플리케 해줍니다.

❽ 재단한 원단 한 쪽 면에 접착 심지를 붙여주고, 한 쪽 시접은 다려둡니다.

❾ ❽의 접어 다려둔 부분에 지퍼를 맞춰 넣고, 앞뒤 모두 공그르기로 연결합니다.

❿ 지퍼 연결 부분은 수실 2겹으로 스티치하고, 꽃 모티브 부분만 퀼팅합니다.

⓫ 실꽂이 바닥 부분을 연결해주고 시접은 실꽂이 부분으로 넘깁니다.

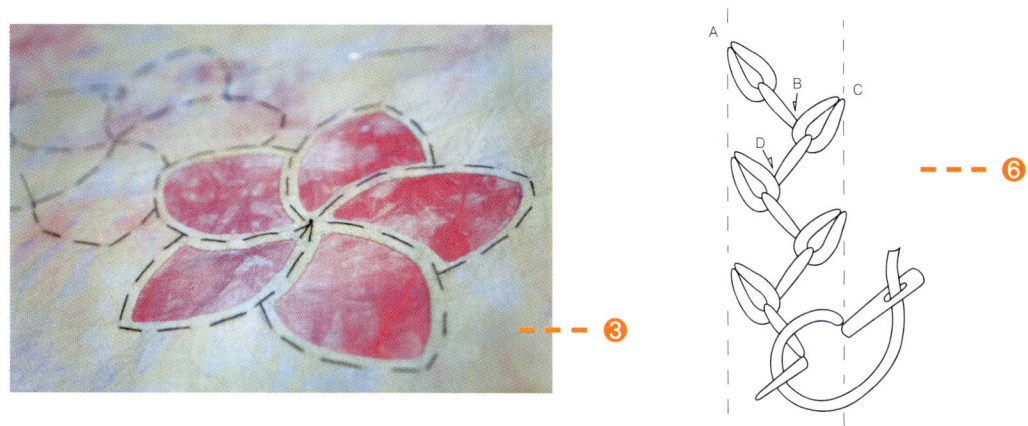

바늘쌈지 만들기

❶ 도안 라인을 따라 오려주면서 아플리케합니다.

❷ 퀼팅 솜 - 안감 - 탑 순서대로 놓고 완성선을 따라 박음질합니다.

TIP ▶ 안감은 겉이 보이게, 탑은 안이 보이도록 놓고 진행합니다.

❸ 퀼팅 솜을 완성선까지 바짝 잘라내고 곡선 부분에 가위집을 주어 뒤집어 줍니다.

❹ ❸을 퀼팅해줍니다.

필기구포켓 만들기

❶ 재단해 둔 원단 한 쪽 면에 접착 심지를 붙이고 필기구 포켓은 한 쪽 면만 안쪽에서 바느질 하여 뒤집어 줍니다.

❷ 수실 2겹으로 포켓 입구 부분을 스티치 해줍니다.

필기구포켓 뚜껑

❶ 한 쪽 면에 접착 심지를 붙이고 고무줄 스트링을 미리 위치에 시침해둡니다.

❷ 겉면끼리 마주보고 바느질 한 뒤 뒤집어서 가장자리에 스티치 해줍니다.

연결해서 완성하기

❶ 완성해둔 몸체를 안쪽이 보이도록 놓고, 포켓들을 순서대로 위치에 맞춰 배치한 뒤 공그르기로 연결해줍니다.

❷ 가장자리를 바이어스로 마무리합니다.

❸ 실꽂이는 단추를 달고 고무줄 스트링을 걸어줍니다.

❹ 바늘쌈지 안쪽에 재단해둔 펠트를 반으로 접어 윗부분을 고정합니다.

❺ 면 끈을 반으로 접어 끝부분을 케이스 입구 중앙에 미리 시침해둡니다.

❻ 장식 단추를 위에 단단히 고정합니다.

❼ 여밈끈을 한 바퀴 감아 적당한 길이에 매듭을 한 번 짓고, 장식 단추에 걸어서 여밉니다.

몸체 디자인

플루메리아 바느질 케이스

각 부분 사이즈 참고 (단위mm)

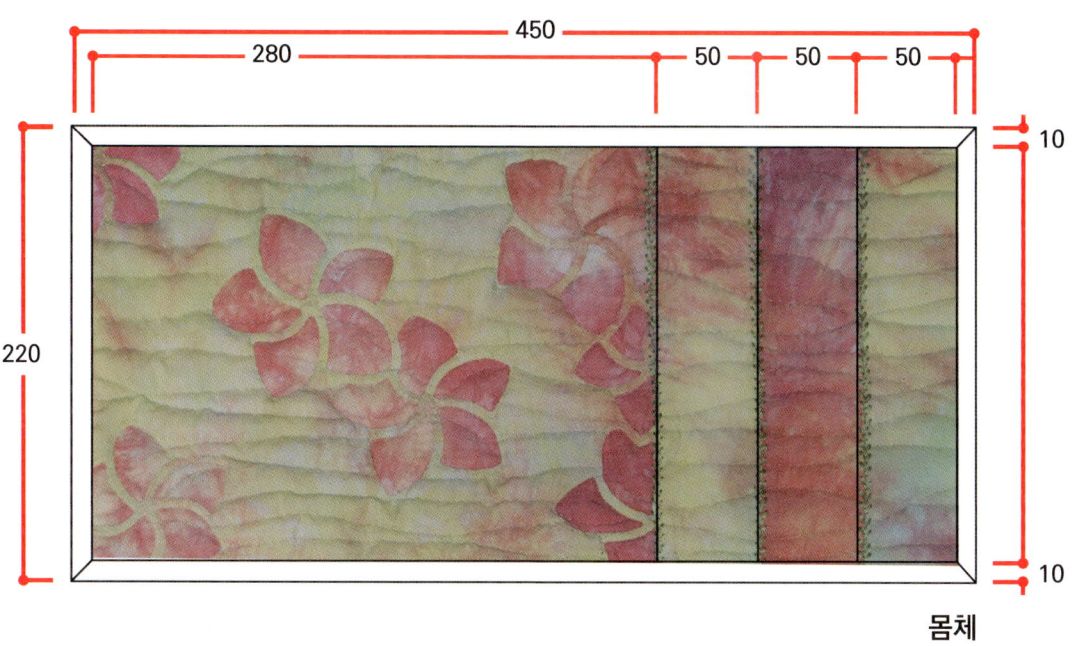

몸체

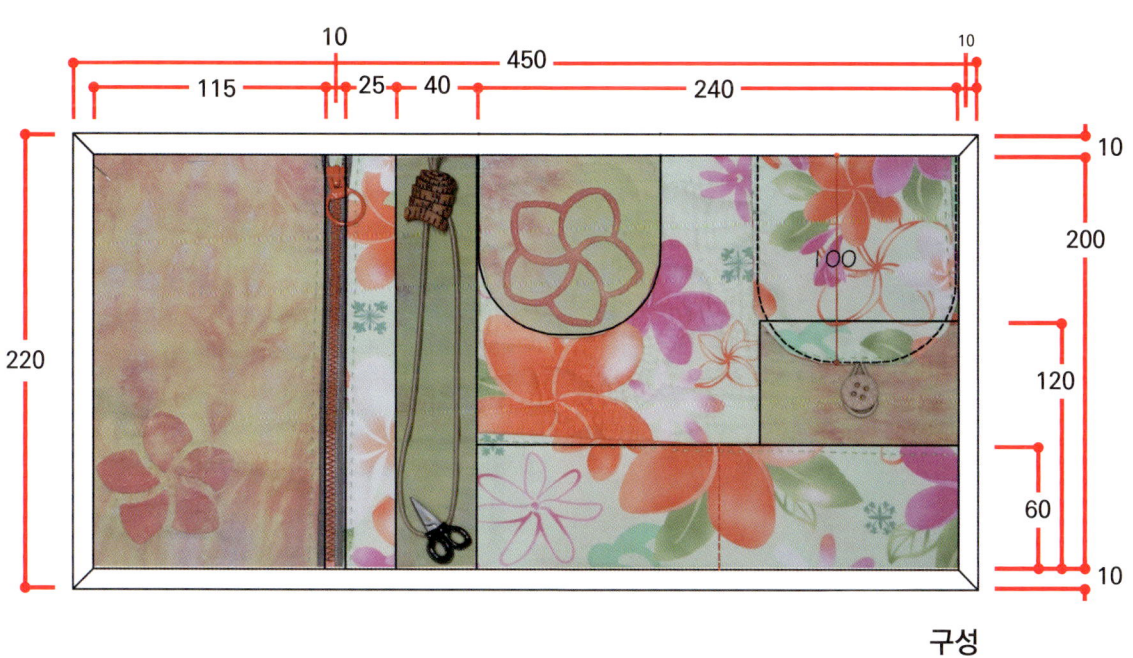

구성

3) 사랑을 담아 Aloha au ia'oe

 크로스백

사이즈 : 32 X 23 X 5 (cm)

나는 특별하니까 내 가방도 특별했으면 했고, 세련되고 예쁜 모양의 가방을 메고 다니고 싶었어요. 고민 고민하다가 떠올린 것이 가죽 위에 아플리케한 크로스백입니다. 가죽 위에 원단을 놓고 바느질하기란 그리 쉽지만은 않지만, 조금만 정성 들여 만든다면 그 어느 명품도 부럽지 않은 작품이 됩니다.

[준비물 (cm)]

특수원단 인조 가죽 35*90 1장 / 모티브 원단 30*25 2장
접착 심지 35*45 1장 / 손잡이 32cm 1개

크로스백 만들기

❶ 디자인을 부직포 한 장(32*45)에 옮겨 그립니다.

❷ 바닥에 모티브 원단 – 인조 가죽 – 부직포를 순서대로 놓고 가장 자리를 고정한 다음, 디자인 모양을 따라 시침합니다.

❸ 뒷쪽 모티브 원단 쪽에서 시침선을 오려가며 아플리케합니다.

TIP ▶ 인조 가죽은 미끄럽기 때문에 조금씩 오려가며 아플리케 하면 비교적 수월합니다.

❹ 얇은 접착 솜을 인조 가죽에 접착시킨 후, 속지를 대고 퀼팅합니다.

TIP ▶ 접착 심지를 붙일 때 젖은 타올을 인조가죽 위에 올려놓고 합니다.

❺ 남은 인조 가죽 반을 겉과 안을 뒤집어서 옆 면(32*45)만 반 박음질 합니다.

❻ 다시 겉으로 뒤집어서 옆면을 공그리기로 연결해 주고, 밑은 2.5cm로 삼각 접기하여 겉에서 고정합니다.

❼ 양쪽 위를 정돈하여 가죽 손잡이 안쪽으로 밀어 넣어 고정합니다.

❽ 양쪽 옆면에 크로스 연결 고리를 달아주면 완성입니다.

32 x 49

3) 사랑을 담아 Aloha au ia'oe

토트백

사이즈 : 34 X 26 X 16 (cm)

쇼윈도 너머로 보이는 모든 가방은 참 아름답죠. 명품이든 명품이 아니든 여성에게 있어 가방은 자존심입니다. 당신의 가방은 어떤가요? 명품은 사는 것이 아니라, 자신이 만들어 가는 거예요. 내가 사랑하는 만큼 내 물건도 소중해지고 가치가 올라가니까 말이죠.
지금 함께 만들어 볼까요, 나만의 명품 가방.

[준비물 (cm)]

바탕 염색 원단 55*70 1장 / 모티브 염색 원단 40*50 2장 / 안감용 프린트 원단 55*70 1장
퀼팅 속지 55*70 1장 / 바이어스 110cm / 손잡이, 가방덮개 각 1개

토트백 만들기

❶ 부직포에 디자인을 옮겨 그립니다.

❷ 바탕 원단 – 모티브 원단 – 부직포를 순서대로 놓고 그린 디자인 모양대로 시침합니다.

❸ 시침선 0.7cm 안쪽을 오립니다.

❹ ❸을 아플리케하고, 속지 – 솜 – 탑 순서대로 놓고 퀼팅합니다.

❺ 밑판과 옆면을 반 박음질로 연결합니다.

TIP ▶ 도안을 보고 도안에 표시된 A끼리, B끼리 연결하면 됩니다.

❻ ❶~❺까지를 반복해 안감을 완성합니다. (1cm 작은 사이즈)

❼ 본체 안에 안감을 넣고 입구는 바이어스로 마무리합니다.

❽ 가방 덮개나 단추를 중심에 달아주고 손잡이는 양 끝 8cm 지점에 연결합니다.

3) 사랑을 담아 Aloha au ia'oe

쇼퍼백

사이즈 : 40 X 35 X 10 (cm)

아이가 어릴 때, 아이와 함께 어디 한번 외출하려면 왜 이리 짐이 많을까요. 아이를 안고 업고 외출하지만 그러면서도 남들 눈에 조금은 세련되고 감각 있게 보이고 싶을 때가 있지요. 쉬운 일은 아니지만요. 그래도 직접 만든 큼직한 쇼퍼백을 메면 짐을 다 담아도 세련되어 보일 수 있을 거예요.

[준비물 (cm)]

바탕 원단 45*90 1장 / 모티브 원단 17*17 7장 / 부드러운 폴리솜 5온스
프린트 원단 45*90 1장 / 손잡이용 바탕 원단 10*70 2장

쇼퍼백 만들기

손잡이 만들기 (5*60)

❶ 넓이 11*70의 원단에 접착 솜 5*70을 원단의 반만 붙입니다.
❷ ❶을 반으로 접어 반박음질합니다.
❸ 뒤집어 1cm 간격으로 퀼팅해서 단단하게 가방 끈을 만들어 줍니다.

몸통 만들기

❶ 바탕 원단에 모티브를 그립니다.
❷ 모티브 밑에 모티브 원단을 놓고 역 아플리케해줍니다.
❸ ❷를 퀼팅해줍니다.
❹ 기장 지리를 징돈하고 앙 엎을 반박음질합니다.
❺ 바닥을 연결합니다.
❻ 윗면에 1cm 표시선을 만들어 손잡이를 안으로 넣고 바이어스를 달아줍니다.
TIP ▶ 손잡이는 양옆 6cm지점에 답니다.
❼ 안감도 같은 방법으로, 0.5cm 작게 만들어 바이어스 밑으로 연결합니다.

3) 사랑을 담아 Aloha au ia'oe

풍경 가방

사이즈 : 52 X 40 X 14 (cm)

봄에는 봄바람 살랑살랑 불고, 가을에는 또 가을바람이 흔들흔들, 마음을 흔들죠.
왠지 모르게 마음이 설레서 어디론가 떠나고 싶을 때, 간단한 짐만 챙겨 훌쩍 다녀올 수 있기 위해 큼직한 크기로 만들어 본 가방입니다. 설레는 마음을 담기에 이만한 가방이 또 있을까요? 그럼 이 가방을 들고 훌쩍, 떠나보는 건 또 어떨까요?

[준비물 (cm)]

염색 원단 60*120 1장 / 모티브 원단 60*60, 30*30 각 1장 / 안감용 인조 가죽 원단 60*90 1장
압축 솜 3온스 60*120 1장 / 퀼팅 속지 60*120 1장 / 손잡이, 아일렛 각 2개

풍 경 가 방 만 들 기

❶ 부직포에 원본 사이즈를 그대로 옮겨 그립니다.
❷ 바탕 원단인 모티브 원단의 겉이 밑으로 오도록 부직포에 겹치고, 부직포에 옮겨 그린 그대로 시침합니다.
❸ 시침한 선을 따라 꽃잎과 양면을 살리도록 조금씩 오려가며 아플리케합니다.
❹ 아플리케가 끝나면 솜과 속지를 대고 퀼팅합니다.
❺ 가장자리를 정돈하고 온박음질로 밑판과 옆을 연결합니다.
❻ 안감 인조 가죽도 ❶~❺단계를 반복하되, 위쪽 입구 여유분 5cm을 빼고 만듭니다.

TIP ▶ 안감은 겉보다 **1cm** 작게 만들고, 옆면에 달린 미니 가방걸이 위에서 **7cm** 부근에 양쪽으로 고리를 달아줍니다.

❼ ❻에서 확보한 여유분 5cm밑에 ❻의 안감용 인조 가죽을 연결하고, 손잡이는 바깥으로부터 14cm 지점에 각각 아일렛을 연결합니다.
❽ 중심에 자석 단추를 달고, 손잡이를 연결합니다.

TIP ▶ 안쪽 포켓용으로 크로스가방을 옆면에 연결해서 사용할 수 있습니다.

52 x 58

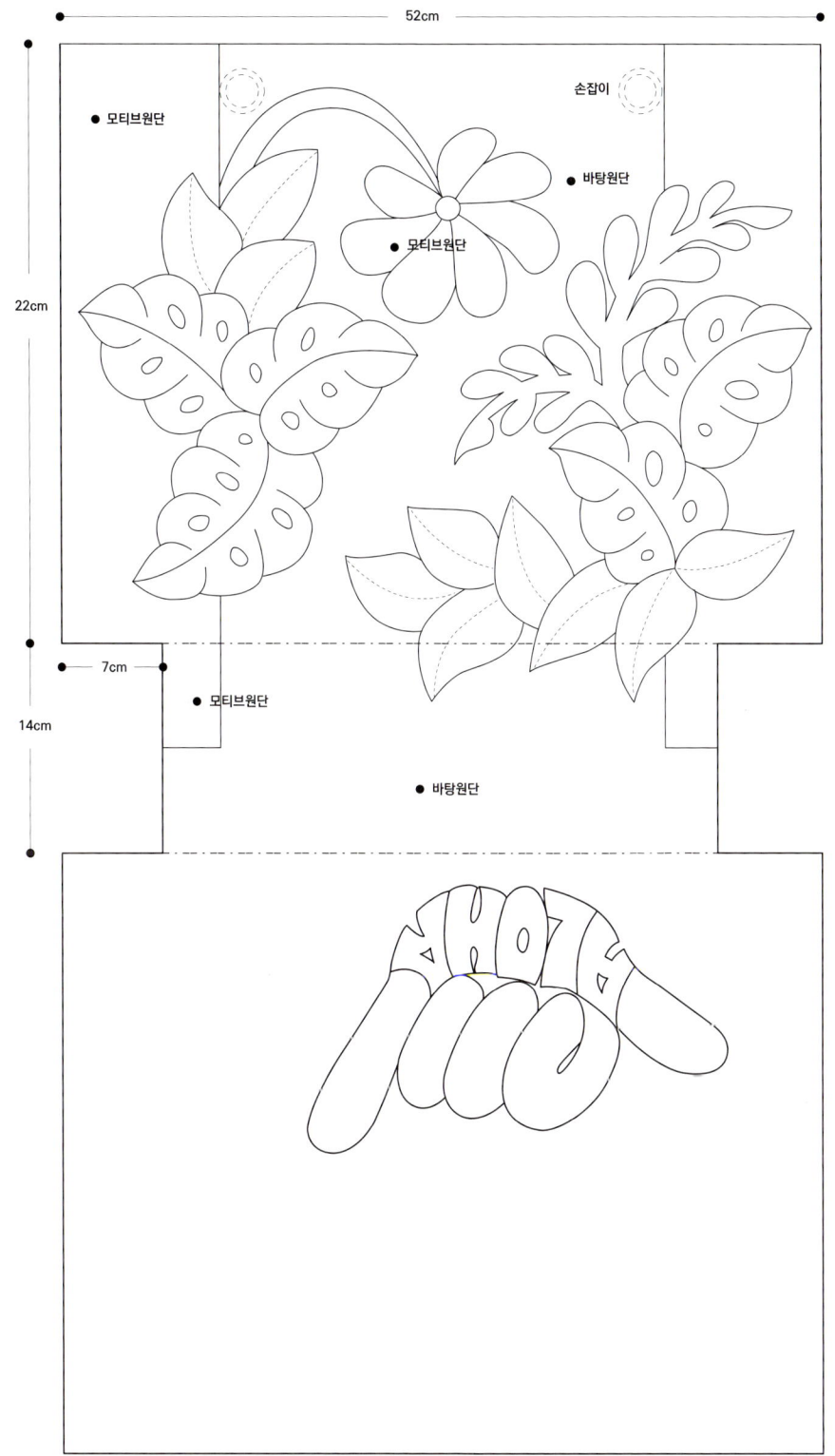

3) 사랑을 담아 Aloha au ia'oe

하와이안 22조각 가방

사이즈 : 42 X 32 X 16 (cm)

하와이안 모티브를 연결해 만들어 보았더니 재미있는 동화 속 가방 같네요. 재미있는 이야기가 가득 들어 있을 것만 같습니다. 이웃끼리 친구끼리 이야기 보따리 하나씩 만들어 봐요.

[준비물 (cm)]

바탕 원단 16*16 22장 / 모티브 원단 15*15 22장 / 속지용 프린트 원단 70*110 1장
퀼팅솜 4온스 70*110 1장 / 손잡이 1세트

22조각 가방 만들기

❶ 15*15 사이즈의 모티브를 아플리케하여 22조각을 완성합니다.
❷ 22조각을 배열하고 반 박음질로 연결합니다.
❸ 프린트 원단 – 퀼팅솜 – 탑 순으로, 모두 겉이 안으로 오도록 뒤집어 올리고 도안을 따라 창구멍을 남기고 둘레를 반 박음질 합니다.
❹ 골짜기 부분은 가윗밥을 주고 직각 모서리 부분은 삼각형 모양으로 모서리를 자릅니다.
❺ 창구멍으로 뒤집어서 공그르기로 창구멍을 마무리 한 다음, 퀼팅합니다.
❻ 그림 모양으로 옆을 공그르기로 연결한 다음 손잡이를 달아줍니다.

도안은 188P에서 확인하세요.

⑤ ⑥

4) 아이를 위한 엄마의 사랑

 애착 이불

사이즈 : 90 X 120 (cm)

제가 어릴 적엔 형제가 많아서였을까, 살기 바빠서였을까 애착이란 말과는 거리가 멀었던 것 같습니다. 하지만 지금 아이들을 보면 자그마한 것에도 애착을 강하게 느끼고, 어른들도 아이들의 감정을 인정하고 존중해주지요. 따뜻하고 사랑스러운 무공해 엄마표 이불, 우리 아이한테 선물해 보세요. 깨끗하고 따뜻한 엄마의 사랑이 고스란히 전해질 것입니다.

[준비물 (cm)]

바탕 원단 16*16 48장 / 모티브 원단 16*16 48장 / 프린트 원단 130*100 1장
부드러운 목화솜 5온스 100*130 / 바이어스 3m40cm

애착 이불 만들기

❶ 바탕 원단, 모티브 원단 (15*15) 두 장을 겹쳐 각각의 모티브를 역아플리케합니다.
❷ 48장을 가로 6개, 세로 8개로 배열하고 모두 홈질로 연결합니다.
❸ 프린트 원단 – 솜 – 탑을 순서대로 놓고 가장자리를 시침한 후 퀼팅합니다.
❹ 가장자리를 정리하고 바이어스로 감싸줍니다.

15 x 15

15 x 15

15 x 15

15 x 15

15 x 15

15 x 15

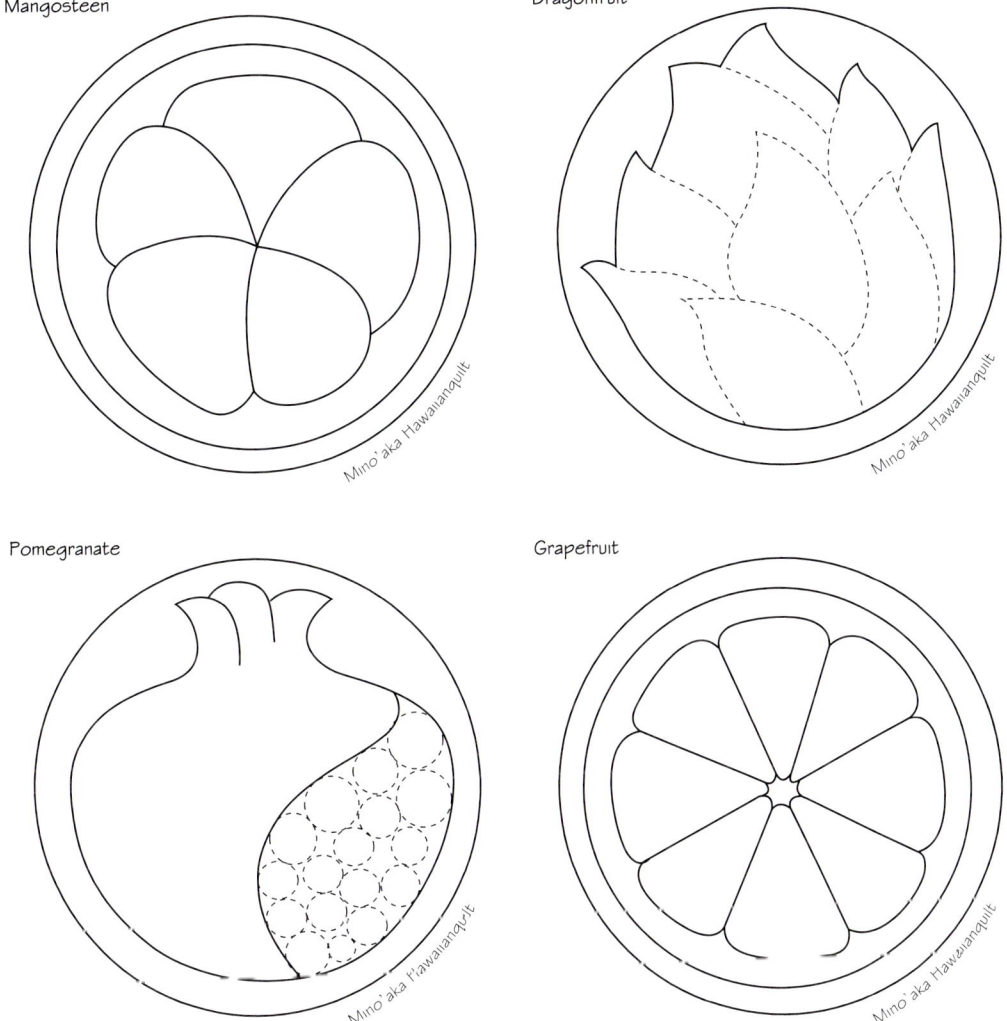

15 x 15

15 x 15

15 x 15

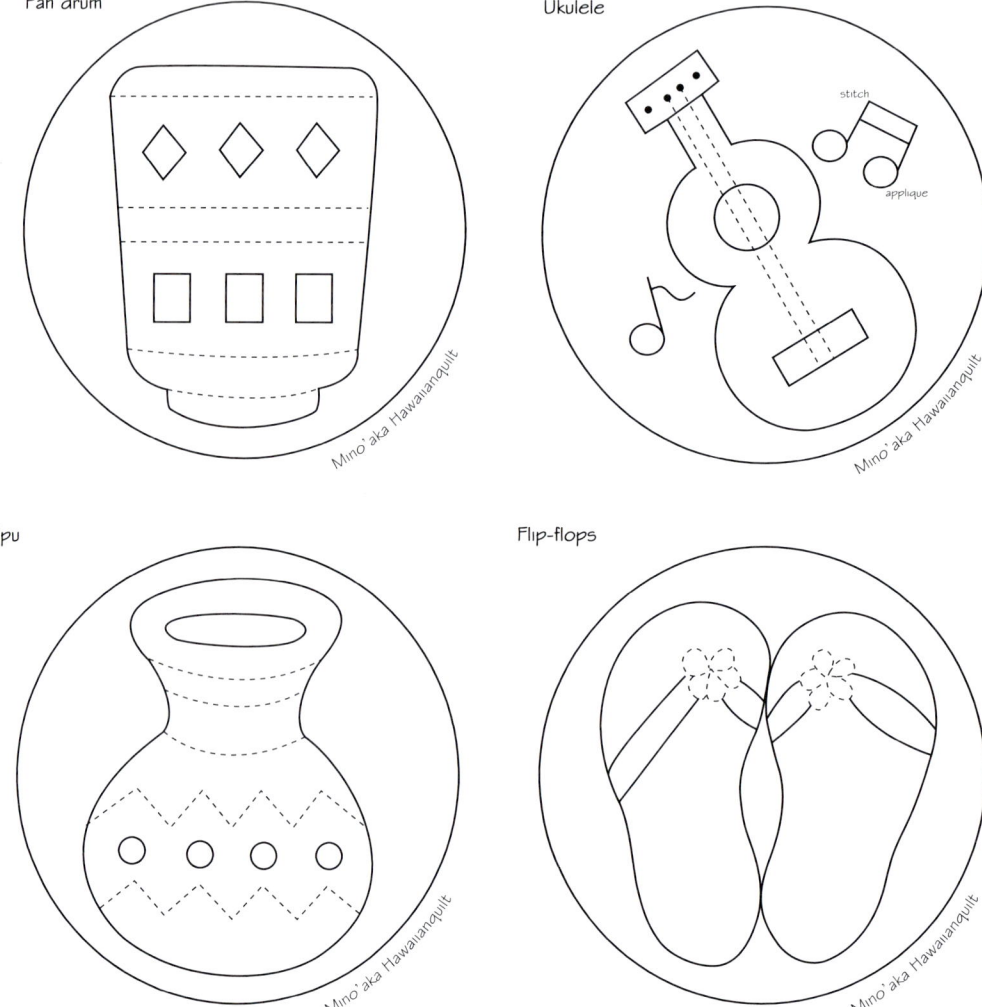

15 x 15

15 x 15

15 x 15

15 x 15

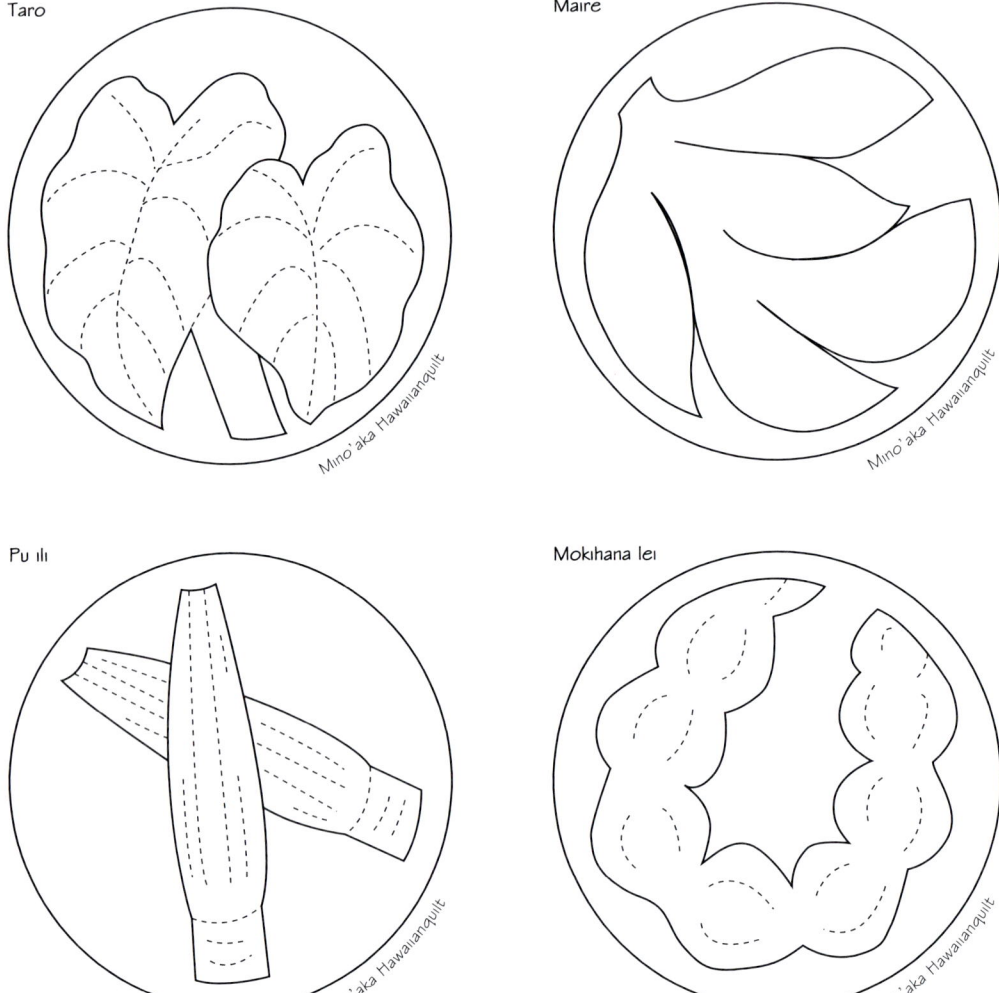

15 x 15

15 x 15

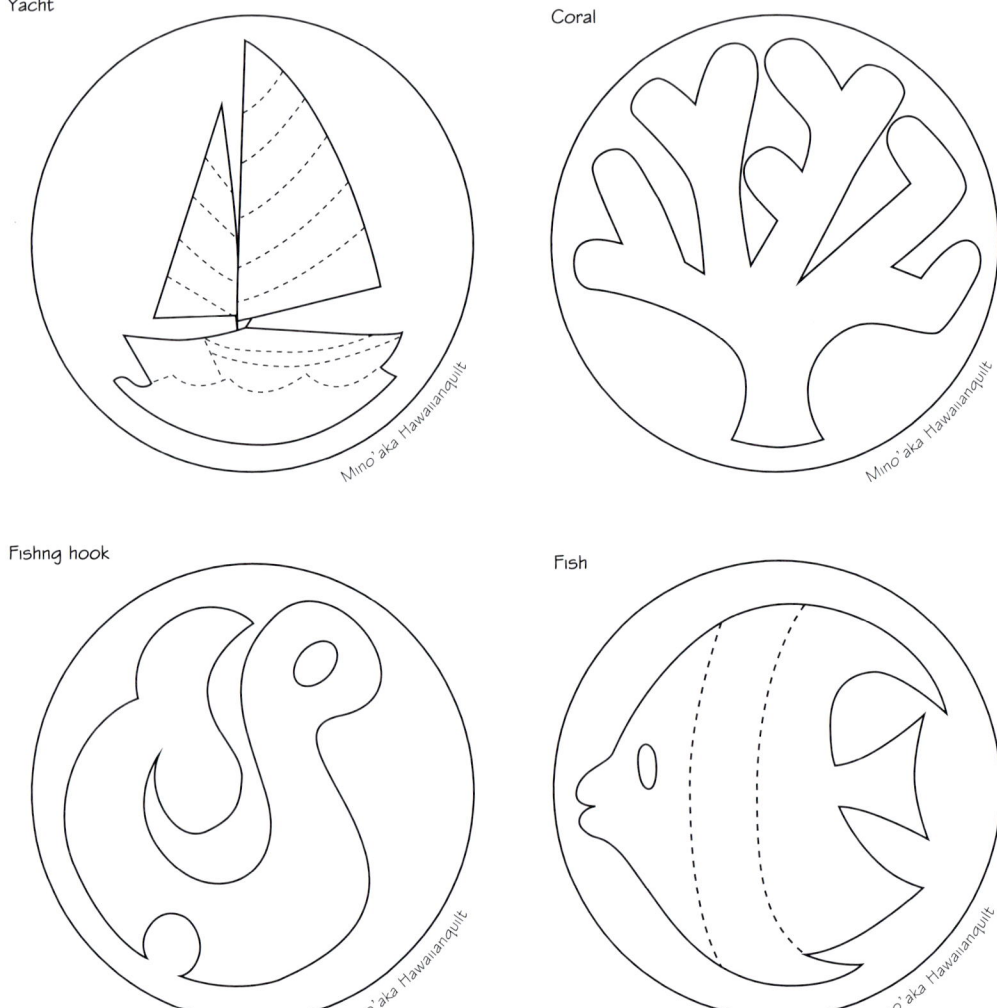

15 x 15

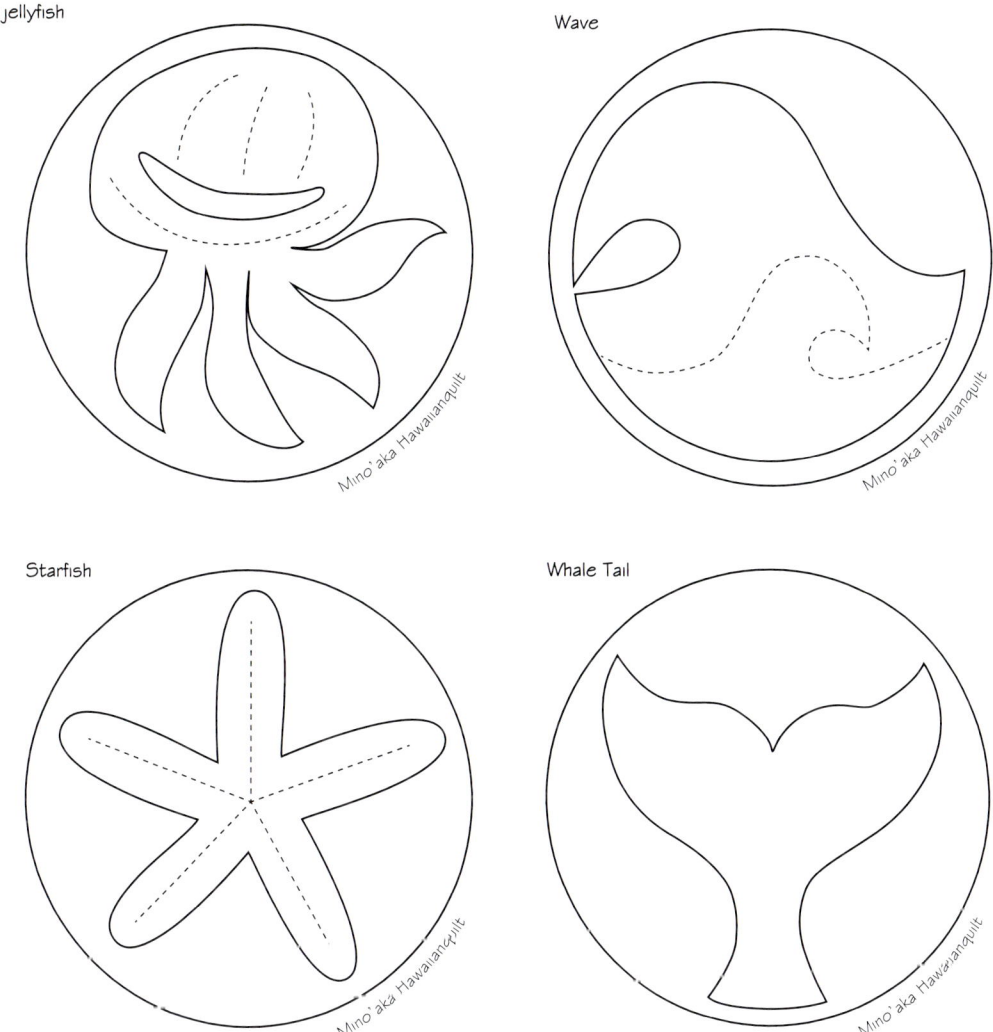

15 x 15

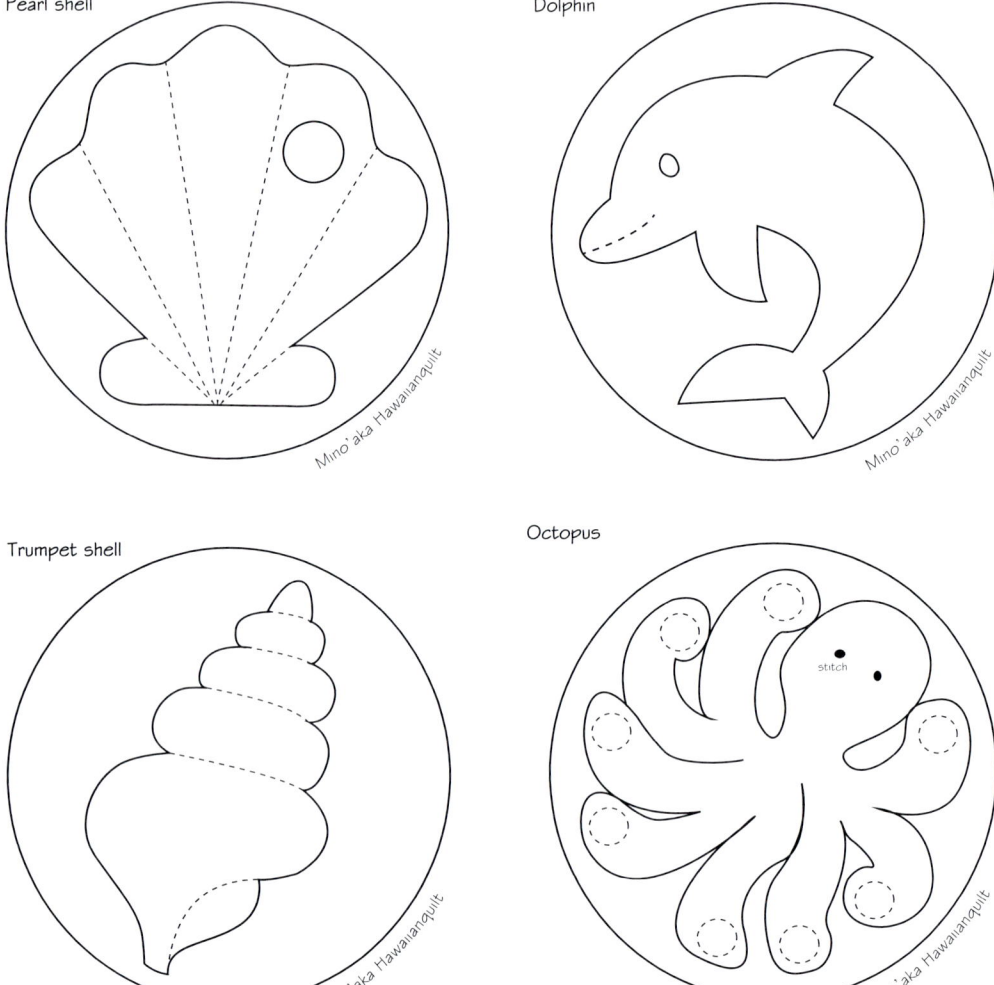

▼
15 x 15

4) 아이를 위한 엄마의 사랑

 신생아 겉싸개

사이즈 : 95 X 95 (cm)

처음 아이를 품에 안았을 때, 그 감동은 무엇에도 비교할 수 없어요. 아이에게 줄 수 있는 첫 선물을 직접 만들어 준다면 얼마나 좋을까요? 내가 만든 작품에 폭, 쌓여 있는 아이를 보면 너무나 사랑스러울 거예요. 내 아이에게 처음 줄 수 있는 선물을 만들어 봅시다.

[준비물 (cm)]

바탕 무지 원단(면 100%) 100*100, 50*50 각 1장 / 모티브 원단(면 100%) 100*100, 50*50 각 1장
거즈 면 100*100, 50*50 각 1장 / 퀼팅솜 5온스 100*100, 50*50 각 1장 / 바이어스 2m

겉싸개 만들기

❶ 8분의1 도안을 부직포에 옮겨 그립니다.
❷ 바탕 원단과 모티브 원단 2장을 8분의1로 접어서 다림질합니다.
❸ 8분의1 모티브 원단 위에 부직포를 올려놓고 시침핀으로 꼼꼼히 시침한 후, 컷팅합니다.
❹ 바탕 원단을 바닥에 펼쳐 놓고 그 위에 모티브 원단을 폅니다.
TIP ▶ 모티브는 산과 골짜기를 맞추어 8분의1에서 4분의1로, 한 단계 한 단계 펴 나갑니다.
❺ 아플리케를 합니다.
❻ 거즈 원단 - 솜 - 탑을 순서대로 시침 후 퀼팅합니다.

머리싸개 만들기

❶ 도안 중앙에 있는 8분의1의 도안을 부직포에 그린 후, 모티브 원단 40*40을 삼각형이 되도록 한 번 접어 부직포를 올려놓고 컷팅합니다.
❷ ❶을 아플리케 해줍니다.
❸ 바깥쪽에 라인을 만들어 탑과 거즈 천을 마주보게 놓고 바깥쪽만 반 박음질합니다.
❹ ❸을 뒤집어 퀼팅합니다.
❺ 모서리에 고정시키고 바이어스로 전체를 감싸줍니다.

95 x 95

 5) 메리 크리스마스 Mele Kalikimaka

크리스마스 포인세티아 쿠션

사이즈 : 50 X 50 (cm)

남편은 분위기 잡기를 참 좋아하는데, 살기 바쁘다는 이유로 한 번도 그 마음을 알아주지 못하는 아내가 되었습니다. 나이가 들면 귀찮기도 하고, 쑥스럽기도 하고, 그냥 조각 케이크 하나 사다가 와인 한 잔 마시는 게 전부죠. 올해는 미안한 마음에 크리스마스 쿠션 하나 만들어 의자 위에 살짝 올려놔 봅니다.

[준비물 (cm)]

바탕 원단 60*60 1장 / 모티브 원단 60*60 1장 / 모티브 원단 50*50 꽃잎 2종류 각 1장 / 프린트 원단 60*60 1장
부드러운 폴리솜 5온스 60*60 1장 / 바이어스 120cm / 작은 진주 구슬 24개

크리스마스 쿠션 만들기

❶ 바탕 위에 모티브 원단을 올려놓고 아플리케합니다.

❷ 꽃잎 모양 8개를 따로 만들어 아플리케한 꽃 잎 위에 올려놓고, 다시 한 번 아플리케합니다.

TIP ▶ 본 사이즈 보다 0.2cm 작게 본뜨면 됩니다.

❸ 프린트 원단 – 솜 – 탑 순서대로 놓고 가장자리를 시침한 후 퀼팅합니다.

❹ 낱개 꽃잎 40개를 만들어 (꽃 하나에 4~5장의 꽃잎) 아플리케한 꽃잎 위에 구슬과 함께 고정합니다.

TIP ▶ 꽃잎을 이어 꽃을 만들었을 때 중간이 비므로, 그 공간에 구슬을 넣으세요.

❺ 가장자리를 사이즈대로 정돈하고 바이어스로 마무리합니다.

50 x 50

5) 메리 크리스마스 Mele Kalikimaka

 장화

사이즈 : 33 X 42 (cm)

[준비물]

바탕 원단 40*50 2장 / 모티브 원단 빨간색 25*25 1장 / 모티브 원단 초록색 15*15 1장
모티브 원단 흰색 10*15 1장 / 퀼팅 솜 3~4온스 40*50 1장 / 속지 40*40 1장 / 털실 조금

장화 만들기

❶ 바탕 원단에 장화 모양대로 앞뒤 두 장을 시침선으로 표시해 줍니다.

❷ 표시한 장화 모양 안에 모티브를 오려 올려놓고 아플리케 합니다.

❸ 앞, 뒤 모두 속지 – 솜 – 탑 순서대로 놓고 시침 후 퀼팅합니다.

TIP ▶ 뒤판은 모티브 모양대로 퀼팅합니다.

❹ 표시해 둔 시침선을 따라 정돈한 뒤, 앞과 뒤를 겉이 마주 보게 놓고 반 박음질합니다.

❺ 뜨개실로 장화 입구의 둘레 크기대로 짧은 뜨기(높이 4~5cm)합니다.

❻ 입구를 털실과 반 박음질로 연결합니다.

❼ 뒤집어 옆면에 리본 띠로 고리를 만들어 줍니다.

33 x 42

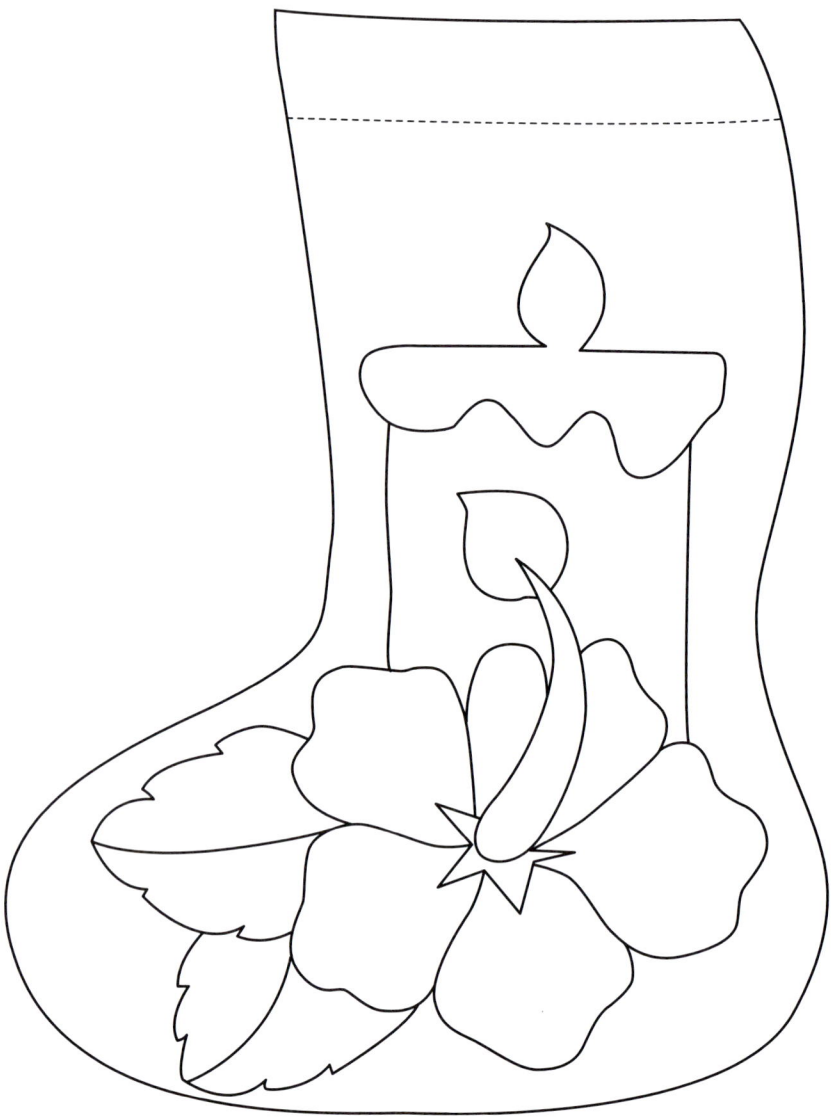

5) 메리 크리스마스 Mele Kalikimaka

엄마랑 나랑 똑같아요

사이즈 : 24 X 27 X 3 (cm)

[준비물 (cm)]

바탕 원단 30*30 1장 / 입체 꽃 원단 12*12 2종류 각 2장 / 모티브 원단 산타 & 사슴 15*15 각 1장
프린트 원단 30*30 1장 / 압축 솜 5온스 30*30 / 바이어스 50cm / 지퍼 25cm 아일렛 손잡이
크로스 가방끈, 가방 연결고리 / 수실 약간

크리스마스 가방 만들기

❶ 바탕 원단에 모티브를 올려놓고 아플리케 합니다. (방향이나 위치는 자유)

TIP ▶ **입체꽃은 퀼팅 후에 연결합니다.**

❷ 프린트 원단 – 솜 – 탑을 놓고 가장자리를 시침한 후 퀼팅합니다.

❸ 아일렛 손잡이를 중심에 맞추어 달아 줍니다.

❹ 탑과 솜은 사이즈대로 정돈하고 프린트 원단은 시접 1cm의 여유를 남겨 놓고 정돈해 줍니다.

❺ 옆면은 위에서 3cm밑에 크로스 연결고리를 만들어 넣고 반 박음질로 연결합니다.

❻ 바닥은 3cm로 삼각접기 합니다.

❼ 옆면에 시접으로 남겨놓은 프린트 원단으로 지저분한 옆면을 감싸줍니다.

❽ 입구는 바이어스로 연결한 다음 지퍼를 달아 줍니다.

❾ 크로스 끈을 연결합니다.

24 x 27.5

*아이가방은 엄마가방의 80% 크기

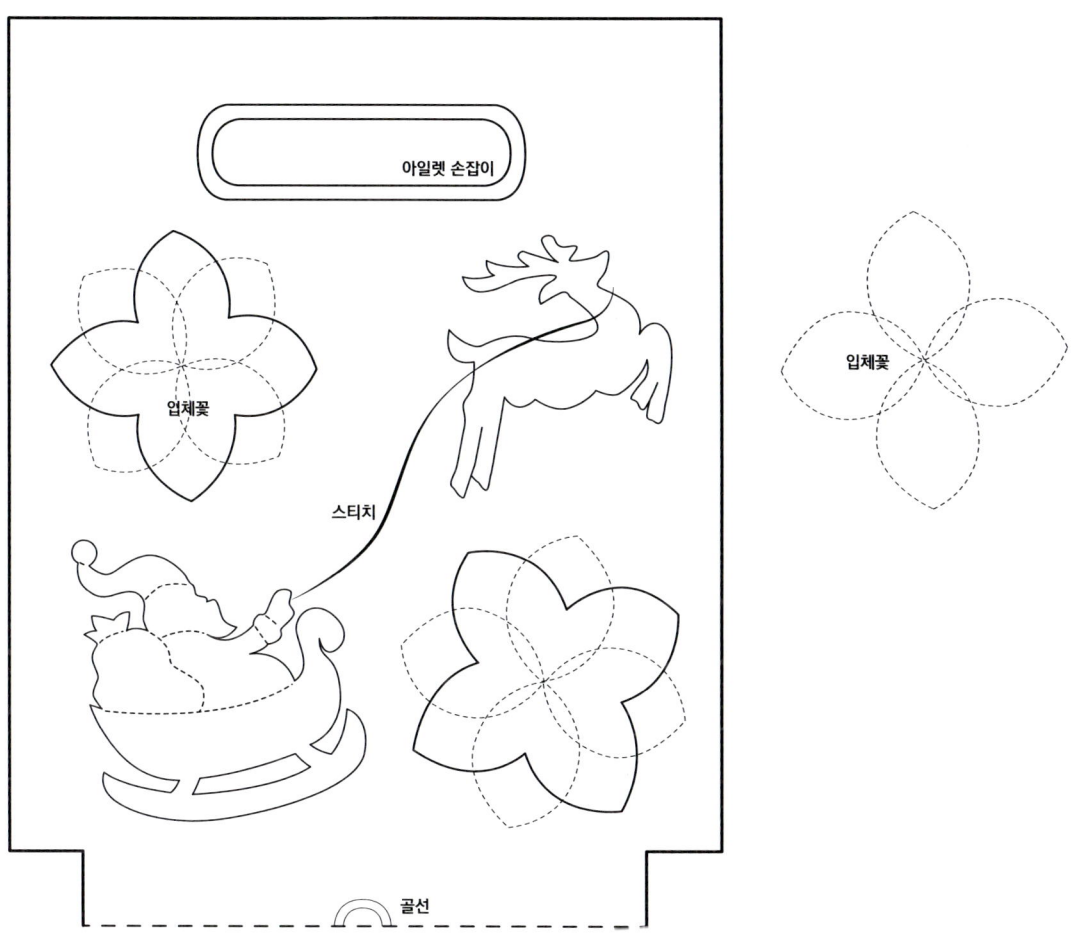

이야기가 있는
하와이안 퀼트

4장

4장

이야기가 있는 하와이안 퀼트

하와이안 퀼트는 하와이의 자연을 주제로 작품을 만듭니다.
그 이야기가 자신의 이야기이든, 전설의 이야기이든, 상대의 이야기든지 간에 작품에는 항상 이야기가 있어야 한다고 저의 선생님이 항상 말씀하셨죠. 영혼(Mana)이 없는 작품은 그냥 이불일 뿐이라고 말이에요. 이야기가 담긴 작품을 만들려면 모티브의 의미를 알아야 하고, 나만의 감정을 담아 디자인을 해야 합니다. 그렇게 디자인한 사람의 이야기와 만든 사람의 이야기가 더해져 하나의 작품이 완성되죠. 같은 디자인이라도 작품 하나하나 그 이야기는 만든 사람에 의해 달라져, 단 하나뿐인 작품이 됩니다.

제 이야기를 들려드릴게요. 여러분도 자신만의 이야기를 찾아가기를 바랍니다.

받는 사랑

🌼 마이레

하와이를 다녀와서 그때의 감정을 담아 제 선생님이 그려주신 마이레 디자인입니다.
말을 안 해도 느껴지는 선생님의 사랑에, 내 마음이 더해져 작품을 볼 때마다 사랑합니다, 감사합니다, 존경합니다, 라는 마음이 드는 소중한 작품이죠

(Design by Furukawa Eriko)

받는 사랑

🌼 문주란

하와이를 갔을 때 길거리에 하얗게 핀 꽃을 보고 이 꽃은 뭐지, 했던 기억이 납니다. 문주란 꽃은 이름만 들어봤지 실제로는 한 번도 본 적이 없거든요.

2017년 10월 포아카라니(Poakalani) 요코하마 하와이안 퀼트 전시회가 있었습니다. 포아카라니는 하와이에서 하와이안 퀼트를 계승하는 그룹입니다. 존 세라오(John Serrao) 선생님이 일본의 47개 현화와 하와이 7개의 섬의 꽃을 디자인하고, 그 디자인에 원단의 색 조합을 더해 제자들이 만들어 보여주는 아주 특별한 전시였습니다.

저는 제 선생님의 추천으로 일본 미야자키 현의 문주란 꽃을 선정했습니다. 유난히 하얀 꽃을 좋아해서 인지 문주란 꽃의 청결이란 의미 또한 내 마음에 다가왔기 때문이에요. 그래서인지, 작품을 만드는 내내 그 어느 때보다 경건했고 존 선생님의 따뜻한 디자인으로 내가 작품을 만들어 이 훌륭한 전시에 참여할 수 있다는 게 너무 행복하고 즐거웠습니다.

또한, 그런 전시에 참여 할 수 있게 배려해준 Furukawa Eriko 선생님께 감사했습니다.

아마도 제게 더없는 행복을 준 2017년 아니었나 싶네요.

주는 사랑

우정 퀼트 - 12개월

디자인은 배우고 배워도 끝없이 부족합니다. 자연으로 이야기를 만드는 것이기에 꼭 잘 그려야 하는 것은 아니라고 배웠지만, 이왕이면 예쁜 디자인을 내고 싶은 욕심은 어쩔 수 없지요. 조금 더, 조금 더, 하는 욕심에 이야기는 온데간데없이 멋만 잔뜩 부렸던 것 같습니다. 제자들이 만드는 작품이라서 더 그랬는지 모르지요. 그것이 사랑 아닐까 싶기도 하고, 그러면서 저도 더 성장해 갑니다.

주는 사랑

🌸 야자수(palm tree) – 새벽 4시

한국에서의 첫 번째 전시를 위해 디자인했던 작품입니다.
한국에서의 공식적인 첫 전시였기에, '환영합니다', '모두 승리하세요' 라는 의미를 담아 선택했지요. 디자인은 작가가 그 의미를 부여하지만, 만드는 사람이 어떤 원단을 선택해서 만드는가에 그 의미도 이야기도 또 바뀌기 마련입니다. 횃불의 의미를 담아 붉은 원단에 디자인을 더했던 작품입니다. 저의 이야기와 만든 사람의 이야기가 더해져 작품명이 '새벽 4시'가 되었습니다. 점점 밝아오는 태양 아래 새 출발의 승리를 말해주는 작품인 것 같습니다.

주는 사랑

❀ 아프리칸 튤립 – 한여름의 햇살

하와이를 갔을 때, 달리는 차 안에서 창밖으로 보이는 화려한 꽃에 매료되어 가이드 분께 잠시 멈춰 달라고 부탁하고는 마구 셔터를 누른 기억이 납니다. 그 때는 그 꽃이 무슨 꽃인지도 몰랐습니다. 돌아와 인터넷을 검색해보니 바로 아프리칸 튤립이더군요. 잊지 않기 위해서 바로 디자인했습니다. 의미도 모른 채, 이야기도 없는 채 말이에요. 그런 디자인을 수강생님이 모티브 안에 ALOHA의 글자를 넣어 멋진 이야기가 깃든 작품으로 완성해 주셨습니다.

주는 사랑

❀ 토치 진져 – 열정

붉은 토치 진져, 생김새에 매료되었던 꽃입니다. 향기가 참 좋다고 하는데 그 향기를 알지 못하고 온 게 못내 아쉬웠던 꽃이지요. 꽃말은 존경입니다.
누군가를 가르치는 사람이라면 존경받고 싶은 마음은 간절할 것입니다. 나름 최선을 다하고는 있지만, 1년, 2년 시간이 지나가면서 누구를 지도하는 것이 아직도 많이 부족한 것은 아닐까, 나를 다시 한 번 뒤돌아보며 디자인한 작품입니다.

주는 사랑

🌸 타로 – 희노애락

우리에게 없어서는 안 될 음식을, 타로의 '풍요로움'이라는 의미를 담아 디자인한 작품입니다. 살아감에 지쳐 심적으로나 물질적으로나 힘들다, 힘들다, 하는 모든 분이 풍요로워지기를 바라는 마음에 선정한 타로 디자인입니다.

작품을 보시면서 조금이라도 마음의 여유를 찾기 바라봅니다.

주는 사랑

❀ 거북이와 야자수 – 내 아이를 위해

아이를 위한 엄마의 사랑은 바다보다 깊다고 했던가요? 결혼 후 아이가 생기지 않아 스트레스를 많이 받던 동생과 함께 하와이를 다녀온 적이 있습니다. 마침 존 세라노 선생님의 워크샵이 있어 참가하게 되었고, 그곳에서 우린 각자의 스토리를 담아 디자인을 그려 왔습니다.

동생은 그동안의 걱정, 고민에서 벗어나고픈 마음에 하얀 색과 빨간 색의 심플한 색조합으로 도안을 그렸어요. 작품이 완성되면 언젠가 태어날 아이에게 선물로 줘야지, 하고 생각했는데 신기하게도 하와이에서 돌아온 지 얼마 되지 않아 임신 사실을 알게 되었답니다.

출산 후 아이를 키우며 조금씩 느리게나마 작업을 진행했고, 퀼팅을 시작할 무렵에는 둘째까지 생겼습니다. 모티브인 야자수는 '생명의 나무'로 생각되기도 하지요. 그 덕분인지 아이를 둘이나 얻게 된 동생은 아이들이 작품 속의 두 거북이처럼 무사하고 건강하게 자라주기만을 바라주고 있답니다.

(김나리)

나의 이야기

❋ 상처

누구에게나 아픔은 있겠지요. 신은 항상 행복만을 주는 건 아니니까요.

어느 한순간 현실은 누군가에게는 아픔으로, 누군가에게는 절망으로, 누군가에게는 오기로 다가와 마음 힘들게 합니다.

저 또한 내 나라가 아닌 다른 나라에서 산다는 게 그리 쉽지만은 않았습니다. 남편이 채워주지 못하는 향수병에 많이 힘들어했던 시절, 다행히 퀼트를 알게 되고 퀼트를 하면서 일본 친구들도 사귀고 서툴렀던 말도 친구들 덕분에 점점 나아지고 있었지요.

일본 생활에 적응하며 점점 좋아지는가 싶었는데, 어떤 이유 때문이었을까요? 퀼트를 배우는 과정에서 알게 모르게 마음 다치는 일들이 생겨났습니다. 그 아픔을 견디어야만 했기에 꼭 이루고 말겠다는 오기의 마음으로 만든 작품입니다. 알로하의 정신은 온데간데없이 터져 나오는 분노와 울분의 마음으로 디자인하고, 염색의 기본도 알지 못하면서 무작정 인터넷을 보며 염색을 했지요. 연꽃의 '멀어져 가는 사랑', '구해주세요'라는 의미에 기대어 그때의 힘들었던 마음을 이야기한 작품입니다.

유치하기 그지없는 작품이지만 지금도 이 작품을 보고 있으면 여전히 마음 한 켠이 아려오네요. 가슴 한 모퉁이 자리 잡고 나을 줄 모르는 상처의 아픔이 지금의 나를 만들어 주었지만, 그때 참 많이 힘들었던 기억은 지워지지 않습니다.

이 아픔을 보듬어준 Eriko 선생님께 감사한 마음을 전합니다.

나의 이야기

🏵 희망

배움의 욕심은 끝이 없는 것 같습니다. 배워도, 배워도 부족한 것 같은 마음을 채우러 선생님과 함께 하와이로 갔습니다. 존 선생님의 디자인 워크숍에 참여해서 디자인을 배우고, 선생님의 도움도 받아 가며 그려낸 디자인입니다.

힘들었던 시기를 파도로 표현하고, 힘든 시기에 갇혀 빠져나오기 힘들고 어두웠던 마음을 파도 속에 갇혀 있는 거북이에 담았습니다. 그러나 한편으로는 그리 빠르지 않더라도 자유를 향해, 정상을 향해 천천히 걸어 나가겠다는 다짐을 고래에 담았죠. 느리더라도 고래처럼 모든 걸 헤치고 나가 언젠가는 꼭 이루겠다는 포부를 담아 온 정성을 다해 완성한 디자인입니다.

2014년 CQA 한국퀼트협회 전에 초대받은 적이 있습니다. 전시장에서 워크숍도 부탁받아 짧은 시간에 하와이안 퀼트를 어떻게 알릴까 고민하다가 하와이에서 그려온 디자인이 좋겠다 싶어 선정했답니다. 디자인을 수정하고, 원단을 주문하고, 자르고 시침하고, 이렇게 준비해간 작품에 많은 분이 참여해서 같이 한 땀, 한 땀 아플리케도 했던 아주 특별한 작품이기도 합니다.

나의 이야기

❀ 내 모습

한 번쯤 멈춰서 내 모습을 돌아본 적이 있으신가요? 삶에 버거워 한참을 달리기만 하다 문득 내 모습을 비춰보니 어느덧 나이가 들어있고 내 모습도 많이 변해있네요. 몸도 마음도 시들해지고 살갗은 늘어져 윤기를 잃은 지 오래. 아직은 젊고 싶은데 되돌릴 수 없는 현실에 회의와 절망이 몰려옵니다. 하루하루가 지루하고 외롭고, 힘들고 아무것도 할 수 없는 현실에서 빠져나오려 몸부림치며 시작한 작품입니다.

어둡고 답답한 마음을 바탕에 놓고, 색이 변해버린 꽃이지만 아직도 희망의 빛을 놓고 싶지 않다는 마음을 모티브에 담았습니다. 받아들이기 힘들었던 갱년기 증상이 이 작품을 만들면서 조금씩 가라앉고, 지금의 이런 내 모습을 조금은 있는 그대로 사랑하게 되었습니다.

같이 걸어가는
인연들

5장

5장

같이 걸어가는 인연들

수업을 하기 위해 한국을 오간 게 벌써 5년이나 되었습니다. 덕분에 이제는 한국에서도 하와이안 퀼트를 알리는 강사님들도 늘어났지요. 단 한 사람에게라도 더 알려주고 싶은 마음에 수업 준비해서 가는 발걸음은 항상 두근두근 설레고 떨렸습니다. 이번엔 어떤 새로운 얼굴과 마주할지, 언제나 기대됩니다.

아직도 매일매일 하와이 역사 공부에, 모티브 공부에, 디자인 연습에, 샘플 작업에, 나름 쉬지 않고 힘들게 준비해서 가지만 그래도 수강생들 앞에 서면 항상 조심스럽고 두근두근합니다. 무궁무진한 하와이의 자연을 제가 보고 배운 만큼이라도 알리고자 노력하지만, 그 의욕 때문에 자칫 잘못 전달하시나 않을까 조심스러운 마음이 몇 배는 더한 것 같습니다. 그래도 정통 하와이안 퀼트의 기본만이라도 알리면 그것으로도 충분하다는 마음 하나로 한국행 비행기에 오릅니다. 그래서 한국 가는 발걸음은 언제나 설레고 두근두근 행복합니다.

1. 한국 가는 길은 언제나 두근두근

❋ 첫 워크숍 – 몬스테라

한국의 첫 모임에서 모두와 같이 만들어 본 작품입니다. '희망', '감사'라는 의미를 가진 몬스테라. 한국 첫 하와이안 퀼트 모임에서 모두와 함께한 디자인이었답니다. 앞으로 한국에도 하와이안 퀼트가 많은 번창과 사랑받길 바라는 희망의 메시지를 담아 디자인한 작품입니다. 또한 항상 옆에서 도와주고 힘이 되어주는 나리에게 감사의 마음으로 선물해 주고 싶어서 선정한 모티브이기도 합니다. 지금도 정성스럽게 완성했던 이 작품을 보면 그때의 그 열정이 다시 살아나곤 합니다.

1. 한국 가는 길은 언제나 두근두근

❋ MINO'AKA 식구들

Mino'aka는 하와이어로 미소라는 뜻입니다. 미노아카 식구들은 노력으로 열정으로 최선을 다하는 제 가족이지요. 하와이안 퀼트를 많이 알린다는 이유 하나로 먼 길도 궂은 일도 마다하지 않고 애쓰고 있는 식구들이죠.
전통 하와이안 퀼트를 전달하고 퀼트를 배우는 모든 사람 얼굴에 항상 미소 지을 수 있도록 최선을 다한다는 의미를 지니고 있습니다. 미노아카는 많은 분들과 가족이 되기를 희망합니다. 언제든지 미노아카 집으로 오세요. 한 가족이 되어 퀼트와 이야기를 만들어 간다면 즐거움도 행복도 배가 될 거예요.

2. 물들이다

❀ 리디아

하얀 광목천으로 표현하고자 하는 색을 만들 때, 원하는 색이 나오든 또는 전혀 생각지도 못했던 색이 나오든 힘들게 노력한 수고로움은 저에게 최고의 행복이 됩니다. 염색은 상상하는 것보다 훨씬 신나는 작업이거든요. 염료를 어떻게 사용하는지, 천을 어떻게 접는지에 따라 모양과 색은 무궁무진한 빛을 냅니다. 염색은 많은 과정을 거쳐야 하고 시간도 많이 걸리지만, 염색 천이 완성 되어가는 과정을 보며 차 한 잔 마실 때 그만한 기쁨도 없지요. 기다림의 미학을 선사하는 손 염색은 마치 우리 삶과 같습니다. 하얀 천이 오랜 시간에 걸쳐 예쁜 색으로 곱게 물들듯 여러분의 삶에도 행복이 물들었으면 좋겠습니다.

2. 물들이다

🏵 오사나이

일본 오사나이 염색 원단은 퀼터들에게 가장 인기 있는 원단입니다. 우아하고 깊이 있는 색감이 만든 작품을 더 훌륭하게 해주지요. 처음엔 부인이 하는 퀼트의 염색 천을 만들어 주려고 시작했는데, 부인의 작품에 사용된 염색 천을 보고 하나둘 주문이 들어오기 시작하면서 본격적으로 염색에 뛰어들었다고 합니다. 특히 하와이안 퀼트는 오사나이 부부에게 큰 인생의 전환점이 되었다고 합니다. 앞으로도 하와이안 퀼트를 하는 퀼터들에게 꼭 맞는 원단을 염색하고 싶다고 하시네요.

3. 같이 만들다

❈ 전시

한 작품을 만들어 전시한다는 것은 용기와 인내와 사랑이 필요한 작업입니다. 작품 안에 담긴 내 마음은 보는 사람에게 고스란히 전달되기 때문이죠. 작품은 만든 사람의 마음을 그대로 담고 있습니다. 작품에는 사랑, 애정, 자만, 허세 등 이 모든 것을 담고 있기 때문이지요.

바늘땀이 예뻐야 하겠죠. 디자인도 멋져야 하겠죠. 하지만 감동은 다른 곳에서 온다는 것을 전시하면서 느꼈습니다. 디자인이 그리 멋지지 않아도, 바늘땀이 그리 예쁘지 않아도 작품 안에 만든 이의 정성과 사랑, 감정이 보인다면 바로 그게 가장 큰 감동이랍니다.

전시는 그런 것 같습니다. 내 솜씨를 자랑하는 게 아니라 내가 만든 작품 안에서 새로운 이들과 살아온 이야기를 공감하는 것 말이지요.

4. 제자들의 이야기

▲ 월하미인 - 김나리

모티브는 다양하지만 아무래도 선호하는 것들을 자주 그리게 되지요. 그래서 저에게 '월하미인'은 낯선 모티브 중 하나였습니다. 혼자라면 선뜻 시도하기 힘들었을 텐데, 함께 하는 이들이 있어 무사히 작품으로 완성할 수 있었습니다. 하나의 모티브를 각자의 방식대로 디자인한 첫 작품으로 멤버들의 다양한 스타일의 작품을 볼 수 있어 아주 즐거웠고, 이 작품을 볼 때마다 함께했던 멤버들이 생각이 나 더욱 의미가 있습니다.

4. 제자들의 이야기

▲ 제주도 푸른 밤 - 붓쇼 아야코

제주도의 푸른 바다와 향기로운 귤꽃, 상큼한 귤과 역동적인 남방 돌고래, 제가 사는 제주도의 생명과 평화를 기원하는 마음을 작품에 담아 봤습니다. 수많은 시행착오를 극복하고 만든 작품이고 처음으로 참여한 해외 콘테스트에서 상도 받아서 저에게 아주 특별한 작품입니다.

4. 제자들의 이야기

▲ 밤의 정원 - 박성이

별을 좋아하는 소녀가 있었습니다. 이름에도 별을 품고 있는 소녀는 아빠 손을 잡고 별을 세는 걸 즐겼지요. 소녀가 자라 아빠 손을 놓고 홀로서기를 하면서, 밤하늘을 볼 기회는 점점 줄어 별빛을 잊고 지냈습니다. 하와이안 퀼트를 배우면서 자연에 대해 더욱 깊이 공부하며 다시금 하늘의 별을 올려다 보게 된 소녀는 선생님의 손을 놓고 홀로서기를 준비하며 별이 가득한 밤하늘을 품은 열대 정원을 거닐어 봅니다. 반짝이는 그 빛을 가슴에 담기 위해….

4. 제자들의 이야기

▲ 9월의 나팔꽃 - 여해영

어린 시절 담쟁이 넝쿨에 보라색 꽃이 한 송이씩 무심하게 피어있던 기억이 있습니다. 화려하지도 않고 화병에 꽂아도 그리 예쁘지도 않은 그저 수수한 나팔꽃, 들판에 가득 피어도 그냥 지나쳤던 나팔꽃. 언제나 무심히 지나쳤던 나팔꽃이 저의 하와이안 퀼트와 만나 화려하게 탄생했습니다. 한 땀 한 땀 완성되어 가는 것이 어찌나 즐겁고 기분 좋았는지 행복한 시간을 저에게 선물로 준 9월의 나팔꽃입니다.

4. 제자들의 이야기

▲ 엔젤 트럼펫 - 신수은

엔젤 트럼펫을 보면 2년 전 우리 가족의 곁을 떠나 하늘나라로 가신 아빠가 생각나요. 꽃 가꾸기를 좋아하셨는데, 파란 하늘 아래 노랗게 핀 꽃을 보며 함께 기뻐하던 추억이 떠오르면 아빠가 더 보고 싶어져요. 그 그리운 마음을 가득 담아 보았습니다.

4. 제자들의 이야기

▲ 문주란 - 송선화

몇 해 전 겨울, 딸과 함께 떠났던 여행지 하와이에서 만났던 문주란 꽃. 해질녘 붉게 물든 오렌지 빛 하늘과 우아하게 피어있던 문주란 꽃이 너무 예뻐 추억을 되살리며 만들어본 작품입니다. 꽃말처럼 8송이의 꽃 봉우리가 그 청순함을 더해주는 것 같아 더 애정이 갑니다.

4. 제자들의 이야기

▲ 난초, 파이우스 - 홍은성

습지 난초 파이우스 꽃을 보고 난초의 단아함과는 조금 다른 웅장함, 거대함에 반해 만든 작품입니다. 처음 디자인 수업이 있는 날 스케치를 해 가면서 꽃과 잎의 선의 표현 방법도 배울 수 있었던 저의 첫 디자인 작품입니다.

< 저작권 안내문 >

본 도서에 사용한 이미지 중 일부는 'Pixabay', 그리고 'Shutterstock'에서

정당한 절차를 통하여 소장 및 사용하였습니다.

• 미노아카 Mino'aka •
미소짓는 하와이안 퀼트

1판 1쇄 인쇄 2018년 7월 5일
1판 1쇄 발행 2018년 7월 10일

지 은 이 테라이 미유
발 행 인 이미옥
발 행 처 아이생각
정　　가 18,000원
등 록 일 2003년 3월 10일
등록번호 220-90-18139
주　　소 (03979) 서울 마포구 성미산로 23길 72 (연남동)
전화번호 (02)447-3157~8
팩스번호 (02)447-3159

ISBN 978-89-97466-50-4 (13630)
I-18-07
Copyright ⓒ 2018 ithinkbook Publishing Co.,Ltd

www.ithinkbook.co.kr

저자협의
인지생략

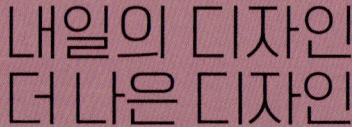

D·J·I
BOOKS
DESIGN
STUDIO

- Book • Character • Goods • Advertisement
- Graphic • Marketing • Brand Consulting

f FACEBOOK.COM/DJIDESIGN